CLAUDIUS SEIDL

Schöne junge Welt

Claudius Seidl

Schöne junge Welt

*Warum wir nicht mehr
älter werden*

Goldmann Verlag

Dank an

Michael Althen, Maxim Biller, Nina Grosse,
Amelie von Heydebreck, Niklas Maak,
Eva Marz, Nils Minkmar, Carsten Niemitz,
Frank Schirrmacher, Moritz von Uslar,
Heinrich Wefing.

Und natürlich: an Christine.

Umwelthinweis:
Dieses Buch und sein Schutzumschlag wurden
auf chlorfrei gebleichtem Papier gedruckt,
die Einschrumpffolie (zum Schutz vor Verschmutzung)
ist aus umweltschonender recyclingfähiger PE-Folie.

Copyright © 2005 by Wilhelm Goldmann Verlag, München,
in der Verlagsgruppe Random House GmbH
Satz: Uhl + Massopust, Aalen
Druck und Bindung: GGP Media GmbH, Pößneck
Printed in Germany
ISBN 3-442-31074-1
www.goldmann-verlag.de

»When we are young we are a jungle of complications.
As we get older we simplify.«

Graham Greene, »The Quiet American«

Geburtstage

An dem Tag, an dem ich vierzig wurde, wachte ich, weil ich hineingefeiert hatte, mit einem Kater auf, trank, als Gegengift, eine halbe Flasche Wasser und vier Tassen starken, schwarzen Kaffees, zog einen grauen Sommeranzug, aber keine Strümpfe an, krempelte die Hosen hoch, fuhr mit dem Rad zur Arbeit, beschimpfte unterwegs ein paar Autofahrer, die den Radweg blockierten, fing auf der ersten Konferenz des Tages einen Streit mit meinem Vorgesetzten an, machte später, als der Personalchef mit einer Flasche Champagner kam, die ich, so sein Vorschlag, abends trinken sollte, ein paar Scherze auf seine Kosten und öffnete den Champagner gleich, ging mittags essen mit Kollegen, die ich Jungs nannte, lachte über ihre Scherze, die auf meine Kosten gingen, schaute auf dem Rückweg, weil es Sommer war, den kurzen Sommerkleidern hinterher, legte meine Füße auf den Schreibtisch und blieb, weil es soviel zu tun gab und die Arbeit eigentlich ein Vergnügen war, viel zu lange im Büro, legte mich abends aufs Sofa und hörte sehr laute Soulmusik, sagte allen, die anriefen und mir gratulierten, es gehe mir gut, trank einen kleinen Whisky und küßte meine Frau und sagte zu ihr: Ich habe ein gutes Leben. Warum macht es mich trotzdem traurig? Warum werde ich das Gefühl nicht los, daß ich zehn Jahre zu alt für dieses Leben bin?

Du bist fünfzehn Jahre zu alt, sagte sie, aber jedes andere Leben würde dich noch trauriger machen.

Als sie schlief, lag ich noch sehr lange wach und nahm mir vor, demnächst einmal konzentriert über mein Alter und das angemessene Verhalten nachzudenken. Morgen, übermorgen, an einem Tag, an dem ich endlich mal ausgeschlafen haben würde.

II.

Durch einen Nebel von Zigarettenrauch, Alkohol und Müdigkeit sah ich, als ich mir die Augen rieb, daß es draußen hell geworden war. Vom Balkon her roch es nach Kaffee, und ich stellte mein Glas weg, drehte die Stereoanlage, die zum siebten Mal hintereinander dieselbe Quincy-Jones-Platte spielte, ganz leise, und mit unsicheren Schritten ging ich in die Richtung, aus der das Licht und der Kaffeegeruch kamen.

N. hatte seinen dreißigsten Geburtstag gefeiert, auf eine Art, die diesem Datum angemessen war. Er hatte so viele Leute eingeladen, daß man zwischen elf Uhr nachts und ein Uhr morgens in der Wohnung nur hatte stehen können. Gegen halb zwei, als die ersten gegangen waren, hatten ein paar Mädchen im Arbeitszimmer zu tanzen angefangen, gegen halb drei schauten zwei freundliche Polizisten vorbei, baten um Ruhe und mehr Rücksicht den Nachbarn gegenüber. Um vier lagen zwei Jungs, die eingeschlafen waren, auf dem großen Sofa, und im Flur führte ein sehr junger Mann mit einer sehr hübschen Frau ein äußerst ernstes Flirtgespräch; in den dunkleren Ecken der Wohnung war man schon weiter, hier wurde intensiv geknutscht. Und jetzt war es halb sechs, ein freundlicher Sonntag im späten Sommer, und als ich hinaustrat auf den Balkon, sah ich, was enorm erleichternd auf mich wirkte, daß außer dem Geburtstagskind, seiner Freundin und ein paar anderen Dreißigjährigen, auch mein Freund M. so lange ausgehalten hatte, M., der so alt wie ich war: zehn Jahre zu alt, wie ich an diesem Morgen fürchtete.

Findest du angemessen, was wir hier tun, fragte ich. Oder ist es nicht ein bißchen lächerlich, die Nächte durchzumachen unter diesen jungen Menschen?

Jetzt ist es hell, sagte M. Jetzt ist daran sowieso nichts mehr zu ändern.

Was hat es uns aber gebracht? Wir sind zu verheiratet, um hier hinter den Mädchen herzusein, und zu vernünftig, uns hemmungslos zu betrinken. Von den anderen Drogen, für die wir zu alt sind, will ich gar nicht erst anfangen. Und der heutige Tag ist ja auch für jede sinnvolle Tätigkeit verloren. Parties wie diese laufen letztlich darauf hinaus, daß wir den Rausch den Jüngeren überlassen. Nur den Kater teilen wir mit ihnen.

Ach was, sagte M. Wenn ich nach Hause gehe, werde ich allerbeste Laune haben. Ich werde zu mir selber sagen: Was für eine schöne Party. Es gab Sex, es gab Drogen, es gab etwas zu trinken. Nicht für mich natürlich, mit Ausnahme von ein paar Gläsern Whisky. Aber immerhin: Es war da. Darum geht es doch. Um die Möglichkeit. Ich muß nicht mitmachen, um mich daran zu freuen, daß es die Möglichkeit einer solchen Party gibt. Ich werde wissen, daß ich alt bin, wenn mich keiner mehr einlädt zu so einer Party. Oder wenn ich keine Lust mehr habe hinzugehen.

Ich holte einen Becher aus der Küche und goß mir heißen schwarzen Kaffee ein. Vielleicht war es ja richtig, gute Laune zu haben.

Liebling, ich werde jünger

I.

Gegen Mittag rief endlich Leo an, um mir alles zu erzählen –
seine Botschaft war, daß es nichts zu erzählen gab. »Es war
ein Flop«, sagte Leo, »du hast nichts versäumt, sei froh, daß
du nicht mitgegangen bist.«

Leo hatte mir die Party des Monats versprochen, am Nachmittag davor, als er seinen Abend plante: »Komm mit«, hatte
er gesagt, »wir werden schöne Menschen sehen, vor allem
Frauen, wunderbare Frauen.« Eine neue Zeitschrift wurde
vorgestellt, die Einladungskarten waren schwarz und schick,
ich konnte aber nicht, ich durfte nicht mit, ich mußte früh
aufstehen am nächsten Morgen. »Die Frauen«, sagte trotzdem
Leo, der damals keine Freundin hatte, »die großen, schlanken
Frauen in ihren spitzen Prada-Pumps. Du mußt wissen, was
du dir entgehen läßt.«

»Waren sie da, die schönen Frauen?« fragte ich Leo am
Telephon.

»Sie waren da. Das glaube ich jedenfalls. Es war so dunkel auf dieser Party, daß ich sie nicht richtig sehen konnte.
Und so laut war es, daß ich sie nicht ansprechen konnte. Idio-
tenparty. Wie soll ich denn einen Witz erzählen oder irgend
etwas Nettes sagen bei dem Lärm?« Er sei, sagte Leo, wie alle
anderen dumm herumgestanden, er habe ein bißchen ge-
trunken, ein bißchen die Leute taxiert, alle Angebote zu ille-

galen Drogen ausgeschlagen – und dann habe er doch noch mit Heike geknutscht, der blonden Drehbuchschreiberin, die er aber schon seit Monaten kenne und die dann doch nicht mit zu ihm gegangen sei, was aber, wie Leo schwor, ihm letztlich auch egal gewesen sei. Verliebt sei er ja eh nicht in sie, und nachts müsse er noch immer an Sabine denken, die schöne, arrogante Sabine, die ihn vor einem Monat verlassen hatte und zu ihrem festen Freund zurückgekehrt war.

Um halb zwei sei er schon zu Hause gewesen, schimpfte Leo, und bis drei Uhr habe er noch ferngesehen, einen verschwatzten französischen Softpornofilm, der den Abend aber auch nicht mehr retten konnte. Das war also die Nacht, die ich verschlafen hatte: eine ganz normale Freitagnacht, eine Party- und Flirtnacht, eine Whiskynacht, eine Scheißnacht, genau das, was einer am Ende der Woche eben braucht – wenn er neunzehn oder fünfundzwanzig ist.

Leo ist aber keine fünfundzwanzig mehr, Leo ist im Herbst dreiundvierzig geworden, und er hält, was er so in seiner Freizeit tut, für seinem Alter absolut angemessen. Seine Freunde leben ja auch nicht viel anders, er kennt kaum jemanden, der sich für eine solche Nacht zu alt und zu erwachsen fühlte. Und wie neu und ungeheuerlich das ist, wie revolutionär und wundersam: Das erkennt man womöglich erst dann, wenn man die Zeit kurz zurückspult, ein halbes Jahrhundert ungefähr, ins Jahr 1952, als ein sehr komischer Film von Howard Hawks in die Kinos kam – eine Komödie, deren visionäre Kraft sich erst heute offenbart. »Monkey Business« hieß der Film im Original (und auf die Affen werden wir noch zurückkommen müssen); der deutsche Titel war »Liebling, ich werde jünger«, und Cary Grant spielte darin den Mann, der die Formel für die ewige Jugend entdeckt: ein Serum, das jeden jünger werden läßt.

Grant war hier ein sehr seriöser Herr, ein erwachsener Mann von Anfang Vierzig, verheiratet und zufrieden damit, bebrillt und immer korrekt gekleidet – bis er, aus Versehen, von dem Serum trank. Erst spürte er bloß so ein albernes Gefühl. Dann ließ er sich die Haare zur Bürste schneiden. Er besorgte sich ein Sakko mit sehr großen Karos, er kaufte einen Sportwagen mit offenem Verdeck. Und dann setzte er die junge Marilyn Monroe auf den Beifahrersitz, drückte mit voller Kraft aufs Gaspedal, und Marilyn Monroe kreischte vor Vergnügen.

Ein Mann in seinen Vierzigern, der sich so aufführt, als blieben ihm bis zum Erwachsenwerden noch mindestens zehn Jahre Zeit, ein alter Sack, der sich so benimmt, als wäre er gestern noch ein Teenager gewesen: Das war vor fünfzig Jahren absurd und lächerlich, und bis in die achtziger Jahre hinein blieb Howard Hawks' Komödie ein Renner im Sonntagnachmittagsfernsehprogramm. Heute allerdings bekommt man den Film kaum noch zu sehen – was wohl vor allem daran liegt, daß seinen Gags die Grundlage längst entzogen wurde. Was damals lustig wirkte, ist heute der Normalzustand. Wir sollten uns »Liebling, ich werde jünger« nicht bloß als Komödie, sondern vor allem als Science-fiction vorstellen – in der Zukunft, wie sie dieser Film beschreibt, sind wir inzwischen angekommen.

Der Vierzigjährige, der sich noch immer halbstark fühlt und kleidet und benimmt, ist alles andere als eine lächerliche Figur. Er ist der repräsentative Bewohner unserer Gegenwart. Er begegnet uns in der U-Bahn und in der Fernsehwerbung, in der Bankfiliale und im »Bericht aus Berlin«, am Arbeitsplatz, im Stammlokal und natürlich auf allen Leinwänden. Er fällt nicht auf, weil es fast nur noch seinesgleichen gibt. Und daß er eine absolut neuartige Erscheinung ist, wird ihm aus genau diesem Grund nur sehr selten bewußt. Anders als Cary Grant vor einem halben Jahrhundert will er niemanden provozieren, und wenn es die Lage erfordert, schlüpft auch er in den Habitus des Erwachsenseins, mit Anzug, Krawatte und den dazugehörigen Manieren. Es nützt ihm aber nichts. Man merkt ihm immer die Distanz an. Man sieht zu deutlich, daß er noch nicht erwachsen sein will.

Und natürlich ist dieser repräsentative Zeitgenosse in fünfzig Prozent aller Fälle eine Frau – und was sich da, in nur einem halben Jahrhundert, verändert, ja welche Revolution die Verhältnisse erschüttert hat: Das zeigt sich überdeutlich, wenn wir noch einmal zurückblenden in den Film. Nach Cary Grant kostet auch seine Frau vom Jugendlichkeitsserum, und diese Frau spielte Ginger Rogers, die zur Zeit der Dreharbeiten vierzig Jahre alt war. Sie war in den dreißiger Jahren der größte Star des Filmmusicals gewesen, eine schöne, starke Frau mit schmalen Hüften, einem breiten Mund und strahlenden Augen, eine atemberaubende Tänzerin, die Partnerin von Fred Astaire, die Hälfte eines Traumpaars, über das man damals sagte: »She gave him sex, he gave her class.« Aber das war seit mindestens zehn Jahren vorbei, Ginger Rogers war älter geworden, was man ihr deutlich ansah. Sie war ideal besetzt als seriöse Ehefrau, sie trug Röcke, die das Knie bedeckten, und sah aus, als könnte sie den perfekten Truthahn zubereiten. Nur jung sah sie überhaupt nicht aus – und wenn sie im Film das Wundermittel nimmt und anfängt, sich wie ein Mädchen zu benehmen, albern, sexy und sehr kokett: Da wird der Film ein bißchen peinlich, und Ginger Rogers tut einem eher leid, als daß man über sie lachen möchte. Ihr Gesicht wirkt überfordert, wenn sie eine Schnute zieht, ihre Figur paßt nicht recht in die Mädchenkleider. Sie sieht alt und auch ein bißchen unglücklich aus, wenn sie sich wie eine Jugendliche gibt. Und wenn die Wirkung des Serums endlich verflogen ist, möchte man sich ausdrücklich bei dem Film bedanken, vor allem im Namen von Ginger Rogers.

Offenbar wirkt das Serum, das uns Zeitgenossen injiziert worden ist, viel stärker und viel nachhaltiger. Es hat nicht bloß das Befinden verjüngt, es verändert auch die Körper. Eine Frau, die so aussieht wie Ginger Rogers in dem Film, würden wir heute auf Anfang Fünfzig schätzen. Eine Frau von vierzig dagegen, die sich mit den Insignien der Jugendlichkeit schmückt und sich manchmal ein bißchen mädchenhaft gibt, fällt im schlimmsten Fall überhaupt nicht auf. Und im besten eher angenehm. Sie ist die Regel, nicht die Ausnahme – wir haben uns angewöhnt, Frauen unter dreißig ohnehin als halbe Kinder zu betrachten und Männer in diesem Alter als Grünschnäbel; man muß die Fünfunddreißig schon überschritten haben, wenn man überhaupt ernstgenommen werden will, und mit welchem Alter die Jugend endet, war noch nie so ungewiß wie heute. Sicher ist nur, daß unsere Gesellschaft, wenn sie in den Spiegel guckt, wenn sie ihr Selbstporträt anfertigt und wenn sie nach der perfekten Verkörperung ihrer Vorstellung von Jugend und Gesundheit sucht, das Schönheitsideal, das Sexsymbol: daß sie dann an Frauen wie Nicole Kidman oder Julianne Moore denkt, an Männer wie George Clooney, Brad Pitt oder Hugh Grant – an Menschen also, die mindestens Ende Dreißig und meistens älter als vierzig sind. Und da unser Schönheitsideal, wie jeder Blick auf alte Filme oder Bilder beweist, nicht gealtert ist, bleibt nur eine Folgerung: Jene, die es verkörpern, sind jünger geworden, jünger als es Menschen jenseits der Dreißig jemals waren. Und es sieht ganz so aus, als würde es jeder spüren – und keinem fällt es auf.

Manchmal merkt, irgendwo an einem abgelegenen Schreibtisch oder in einem einsamen Fernsehsessel, noch ein altmodischer Mensch, daß irgend etwas hier nicht stimmen kann. Jener Schreiber eines britischen Filmmagazins zum Beispiel, der neulich ein Pamphlet verfaßte, das auf die Forderung hinauslief: »Mädels, werdet endlich erwachsen!« Dem Mann war aufgefallen, daß Schauspielerinnen in ihren späten Zwanzigern und frühen Dreißigern, weibliche Stars wie Wynona Rider oder Kate Winslet, einfach nicht aufhören können, die Mädchen zu spielen, unreife Personen, die sich zwar das Nasebohren schon ab- und den Sex seit einiger Zeit angewöhnt haben, die aber immer noch vorwiegend mit sich selber beschäftigt sind, mit ihren kleinen, gymnasiastinnenhaften Liebesgeschichten und den pubertären Zweifeln am Sinn einer bürgerlichen Existenz, statt endlich mal Verantwortung zu übernehmen oder wenigstens so würdig zu leiden, wie das erwachsene Frauen tun. In eurem Alter, so rief der Kritiker den Mädchen zu, in eurem Alter, Mädels, haben eure Mütter und Großmütter, Frauen wie Lauren Bacall oder Marlene Dietrich, ganz andere Rollen gespielt: Frauen, die eine Vergangenheit hatten und ein Schicksal und vielleicht auch eine Tragik, Frauen, die sich kaum noch daran erinnern konnten, daß sie mal junge Mädchen waren.

Der Mann, der da so zornig war, hatte recht – bloß hatte er das Wichtigste übersehen. Die Rollen, welche Lauren Bacall mit neunundzwanzig spielte, sind ja nicht verschwunden. Sie werden nur heute mit Frauen besetzt, die zehn bis zwanzig Jahre älter sind, mit Julianne Moore, mit Sharon Stone oder Rene Russo – mit Frauen also, die vorne eine Vier und manchmal sogar eine Fünf stehen haben und denen man mit der Mahnung, sie sollten sich an den Karrieren der Schauspielerinnen ihrer Müttergeneration orientieren, nicht mal mehr ein mitleidiges Lächeln entlockte. Für die Mütter gab es jenseits der Vierzig bloß noch die grauhaarigen Rollen, die Tante des Helden oder seine Chefin, die von ihm Respekt wollte, einen Blumenstrauß vielleicht auch, aber ganz sicher keinen Sex – während, nur zum Beispiel, Quentin Tarantino in seinem Filmzweiteiler »Kill Bill« die Rolle einer professionellen Killerin, die zwar vorwiegend mit Schwertern und Pistolen ihren Job erledigt, die aber im entscheidenden Moment ihren Sex als die allerschärfste Waffe entsichert, mit der dreiundvierzigjährigen Daryl Hannah besetzt, einer langbeinigen, blonden Schönheit, die zum Filmstart, um ihre Eignung für die Rolle zu beweisen, noch ein paar hübsche Photos von sich im »Playboy« plazierte. Da trägt sie keine Waffe, da trägt sie eigentlich überhaupt nichts außer ihrer Haut.

II.

Die Bewußtseinsindustrie, die Bilder- und Geschichtenproduzenten in Hollywood, London oder München haben auf diese revolutionären Veränderungen längst reagiert – und wahrscheinlich ist ihnen gar nicht bewußt, was sie da tun. Während kritische Geister noch warnen vor dem Jugendwahn und vor dem, was sie den »Schönheitsterror« nennen, hat sich das Publikum längst darauf geeinigt, daß die schönsten und begehrenswertesten Frauen unserer Epoche, nur zum Beispiel, Nicole Kidman oder Julia Roberts seien, Salma Hayek, Sarah Jessica Parker oder Monica Bellucci, lauter Frauen also, die vom dreißigsten Geburtstag viel weiter entfernt sind als vom vierzigsten. In der Fernsehserie »Sex and the City« spielte Kim Catrall, eine Frau in den späten Vierzigern, die sexhungrige Männerverschlingerin und kam damit davon, ohne sich lächerlich zu machen. Und Sharon Stone, die sich, kurz nach ihrem vierzigsten Geburtstag, laut darüber beschwerte, daß es in Hollywood keine guten Rollen mehr für Frauen über vierzig gebe, hatte damals wohl eher schlechte Laune als einen Geistesblitz.

Im Jahr 1968 kam ein Film in die Kinos, der dem Publikum all das bot, was damals für jung und schick und erstrebenswert galt. Es gab Schauplätze in New York und der Karibik, es gab Wohnungen, die so ultracool eingerichtet waren, daß man sofort einziehen und seine fünfzig besten Freunde (oder besser: nur die Freundinnen) mitbringen wollte, es gab Kleider, die waren so knapp geschnitten, daß man sich fragte: Wie sind die Leute da hineingekommen, und, vor allem, wie kommen sie wieder heraus? Es gab eine Geschichte, die eher ambitioniert als spannend war; sie erzählte, sehr beiläufig, vom perfekten Raub, und sehr konzentriert erzählte sie von einem Mann und einer Frau, die einander unwiderstehlich finden, obwohl sie eigentlich gegeneinander arbeiten – und natürlich konnte diese Story nur funktionieren, wenn man die Hauptrollen mit Schauspielern besetzte, deren Sex-Appeal unabweisbar und unwiderlegbar war. Den Mann spielte Steve McQueen, die Frau spielte Faye Dunaway, und als sie einander endlich kriegten, sah das unserer Vorstellung vom Glück des Augenblicks viel ähnlicher als zum Beispiel der Zug, der knapp zehn Jahre zuvor, in Hitchcocks »Unsichtbarem Dritten«, in einen Tunnel einfahren mußte, um diskret darauf zu deuten, daß es jetzt zur Sache ging.

Der Film hieß »The Thomas Crown Affair«, und im Jahr 1999, also einunddreißig Jahre danach, war die Zeit endlich reif für eine aktualisierte Version. Wieder spielte die Handlung in Manhattan und auf einer heißen Palmeninsel, wieder sah man exquisite Wohnungen, teure Garderoben, lässige

Gesten, und wieder erzählte der Film davon, wie ein attraktiver Mann den perfekten Kunstraub plant und wie eine schöne Frau ihn daran hindern will – und wieder ging es bald nur noch darum, daß die beiden ihren Zweikampf dort fortsetzen, wo ein Unentschieden schon in Ordnung geht, im Bett. Die Hauptrollen spielten Rene Russo und Pierce Brosnan – und was in diesem Film so neu war, das offenbart ein Blick auf die Geburtsdaten dieser Kinohelden. Im Jahr 1968 war Faye Dunaway 27 Jahre alt, Steve McQueen war 38. Im Jahr 1999 war Rene Russo 45 Jahre alt, Pierce Brosnan war 46. Und daß Mrs. Russo in den Szenen auf der Palmeninsel nicht mehr anhatte als ein Bikinihöschen, war fürs Verständnis der Handlung vielleicht nicht unbedingt nötig, es belegte aber, wie ernst es ihr mit dieser Rolle war.

Daß das Kino meistens lüge, sagen die, die seine Wahrheit nicht sehen wollen. Daß schöne Filme nur von der bösen Wirklichkeit ablenken wollen, vermuten die, die keinen Blick haben für die Wirklichkeit des Kinos. Natürlich sehen nicht bloß die Möbel und die Kleider, sondern vor allem die Menschen im Kino sehr viel besser aus als in der Wohnung nebenan. Aber gerade deshalb ist es ja eine solche Sensation, wenn zwei Mittvierziger in einem populären Film das Liebespaar spielen. Denn der Anfangsverdacht gegen die Bilder- und Geschichtenindustrie läuft ja eher darauf hinaus, daß in den Fiktionen aus Hollywood die Verhältnisse beschönigt würden. Und insofern wäre es widersinnig, die Rolle der superattraktiven Frau mit einer 45jährigen zu besetzen, wo man doch jederzeit und für die gleiche Gage auch eine 30jährige kriegen könnte – es sei denn, es gäbe auf der anderen Seite der Leinwand genügend Menschen, die das genauso wollen.

Denn »The Thomas Crown Affair« war ja als Kassenerfolg

angelegt – nicht etwa als Spartenprogramm für Senioren und sanfter Trost für die, die den vierzigsten Geburtstag schon hinter sich haben. Der Film mußte, wenn er sein Geld wieder einspielen wollte, das gesamte Publikum für sich gewinnen, und das heißt, erstens, daß Rene Russo und Pierce Brosnan eine Entsprechung in der Wirklichkeit gehabt haben müssen: Wenn es im Leben, in der unmittelbaren Realität des Publikums niemanden gegeben hätte, dem die Zuschauer zugetraut hätten, was die Stars auf der Leinwand taten, dann wäre auch der Film nicht damit davongekommen. Und weil, zweitens, das amerikanische Kino nichts ist ohne die physische Attraktivität seiner Stars, deshalb mußten Rene Russo und Pierce Brosnan begehrenswert wirken – und zwar nicht bloß auf die Gleichaltrigen, sondern auf alle.

Der Film hat funktioniert – aber was das bedeutet, das haben wir uns noch immer nicht richtig klargemacht. Die Grenzen der Jugend haben sich innerhalb von nur dreißig Jahren, in jenem Zeitraum also, den man früher »eine Generation« genannt hätte, um mehr als zehn Jahre nach hinten verschoben. Wenn eine Frau von 45 die Rolle spielen kann, die einst für eine 27jährige gedacht war, wenn zwei Mittvierziger zu den Helden einer Geschichte werden, die einst für Menschen deutlich unter vierzig geschrieben wurde, dann taugen die alten Biographie-Baupläne nichts mehr, und die Lebenskalender müssen neu justiert werden.

Jungsein, das war mal etwas, das spätestens mit dem dreißigsten Geburtstag vorbei war, und spätestens kurz nach dem vierzigsten war die Zeit gekommen, da blieb man an dem Ort, wo man war, verabschiedete allmählich die Kinder, begrüßte die grauen Haare und fing schon mal damit an, sich ans Rückwärtszählen zu gewöhnen: noch zwanzig, neunzehn, achtzehn Jahre bis zum Ruhestand. Jungsein, das ist heute eine Möglichkeit, die anscheinend jedem offen steht, ganz egal, wie alt er ist.

III.

Es gibt natürlich Menschen, vorwiegend solche, die sich noch an die alten Zeiten erinnern können, ältere Herren zumeist, die finden Vierzigjährige, die sich wie Jugendliche aufspielen, würdelos – und sie fangen nicht erst dann an, sich zu empören, wenn eine Frau über vierzig ihren nackten Körper zeigt. Nein, die ganze Richtung geht ihnen gegen den Strich, und besonders heftig hat im Frühjahr 2004 der Publizist Joseph Epstein protestiert, in einem Beitrag für das konservative Intelligenzblatt »Weekly Standard«, der den Titel hatte: »Der ewige Heranwachsende. Und der Triumph der Jugendkultur«. Es sind vor allem ästhetische Einwände, die Epstein vorbringt, er kann den Anblick nicht ertragen, wenn Männer, die ihre Pubertät längst hinter sich haben, noch immer in Jeans und offenen Hemden daherkommen; er sähe lieber Männer in Anzügen und Krawatten, und für die schlimmsten Probleme Amerikas, die politischen und die wirtschaftlichen, sagt Epstein, sind jene Männer und Frauen verantwortlich, die einfach nicht erwachsen werden können. Das Leben müsse gefälligst, wie ein aristotelisches Drama, einen Anfang, eine Mitte und einen Schluß haben, und zwar genau in dieser Reihenfolge, und die Lebensmitte, die Hauptsache also und der Höhepunkt, fehle jenen, die nicht begriffen, daß Jugend bloß ein vorübergehender Zustand sein könne, das kurze Stadium zwischen Kindheit und Erwachsensein.

Erwachsen, sagt Epstein, ist einer, der einsieht, daß er nicht alles haben kann, was er will – und insofern seien jene Manager, die mit ihrer Gier die Ölfirma Enron ins Desaster steuerten, genauso ein Beleg für seine These wie der Präsident Bill Clinton, der seine Zigarre dahin steckte, wo sie definitiv nicht hingehörte, und auch noch dumm genug war, sich erwischen zu lassen: lauter Erwachsene, die sich wie verdammte Grünschnäbel aufführen, weil sie zuviel Rock'n'Roll gehört, zuviel ferngesehen und die falschen Bücher gelesen haben.

Denn die Kultur, sagt Epstein, ist die Urheberin dieses Skandals und zugleich dessen deutlichster Ausdruck: Von Salingers »Fänger im Roggen« bis zur Fernsehserie »Friends«, von der Popmusik bis zu den Rollen, die Anfangsvierziger wie Hugh Grant oder Jim Carrey im Kino spielen – unsere populäre Kultur predige die Jugend als Natur- und Idealzustand des Menschen und verdamme das Älterwerden als die Sünde der Selbstentfremdung.

Vom Jugendwahn besessen, perpetuierten die Erwachsenen ihre eigene Jugendlichkeit bis an die Grenze zum Rentenalter; sie schwömmen (wie Kierkegaard das genannt hat) durchs »Meer des Möglichen« und weigerten sich, endlich an Land zu gehen.

Erschwerend komme hinzu, daß jene, die die Wirtschaftskrise der dreißiger Jahre oder den Zweiten Weltkrieg erlebt hätten, langsam ausstürben. Wer aber ohne solche Krisen aufgewachsen sei, habe den Ernst des Lebens niemals kennengelernt; wer niemals die Angst ums nackte Überleben, die Angst vor dem Tod gespürt und überwunden habe, wer den Tod nur als abstrakte Nachricht kenne und gar nicht richtig wisse, was echte Sorge sei: So einem fehle absolut die Fähigkeit, das Ernste vom Unernsten, das Wichtige vom Überflüssigen zu unterscheiden.

Als ich das alles gelesen hatte, rief ich Leo an und fragte ihn, ob er vielleicht jemanden kenne, der erwachsen sei, jemanden zwischen vierzig und fünfzig vielleicht. Leo lachte und sagte: »Ich bin sehr erwachsen. Erwachsener als ich es bin, kann man gar nicht sein. Ich verdiene Geld und zahle meine Steuern. Ich arbeite viel, trinke kaum und rauche manchmal abends eine Zigarette. Ich führe ein gemäßigtes Leben. Und ich sorge für meine kleine Tochter.«

»Aber du lebst nicht mit ihrer Mutter zusammen. Du knutschst mit Frauen, in die du nicht verliebt bist, und verliebst dich in Frauen, die nicht bei dir bleiben. Du kaufst dir die neuesten Schallplatten. Du sammelst alte Schallplatten. Du ziehst manchmal einen Anzug an, aber niemals eine Krawatte. Du willst immer wissen, wo die schicken Parties sind. Das ist ein schönes Leben, aber erzähl mir doch nicht, daß das erwachsen ist!«

»Was willst du eigentlich von mir?« fragte Leo. »Willst du, daß ich mit einer Frau, die ich nicht liebe, Kinder zeuge, die wir dann mit Fernsehverbot und Hausarrest erziehen? Willst du, daß ich dreißig Kilometer von der Stadtmitte entfernt in ein Reihenhaus ziehe, samstags meinen Volvo wasche und abends nach den Tagesthemen vor dem Fernseher einschlafe? Oder wünschst du dir vielleicht, daß ein Krieg kommt oder eine Hungersnot, damit wir endlich das wahre Leben kennenlernen? Tut mir leid, ich will das nicht. Mir ist mein Leben auch so schon wahr genug.«

Leo, das muß hier gesagt werden, ist Künstler von Beruf, er wohnt in einer großen Stadt, er ist in jenem Milieu zu Hause, das man noch immer die Boheme nennt, und die Vermutung, daß irgend etwas an seinem Lebensstil repräsentativ sei, würde Leo empört zurückweisen. Auch eine Hollywoodschauspielerin, deren Tage mit Ayurveda beginnen und mit Mineralwasser zu Ende gehen, hat ziemlich wenig gemein mit einer gleichaltrigen Rechtsanwältin, Sekretärin oder einer Mutter von zwei kleinen Kindern, mit Frauen also, die außer der Arbeit an ihrer eigenen Schönheit noch ein paar andere Sorgen haben. Und wenn sich einer die Mühe machte, fände er auch heute noch genügend Zeitgenossen, welche den Befund, daß wir immer jünger werden, mit ihrem ganzen Leben dementieren, Menschen, die mit dreißig ihren Ort schon gefunden haben, die mit vierzig zu altern beginnen und mit fünfzig zu Veteranen der eigenen Biographie geworden sind.

Man findet sie eher an den Rändern der Gesellschaft als in deren Mitte, eher ganz oben und ganz unten, man findet sie unter Politkarrieristen und frühreifen Konzernchefs, es sind dann fast immer solche Menschen, die vor lauter Ehrgeiz und Strebsamkeit überhaupt nicht daran dachten, ins Meer der Möglichkeiten einmal hineinzuspringen, weil sie sich so früh für eine bestimmte Option und gegen alle anderen entschieden hatten. Und man findet sie unter jenen, die das Meer der Möglichkeiten niemals gesehen haben, weil sie von Anfang an keine andere Option kannten als die, das Elend ihrer Väter und Mütter ins eigene Leben zu verlängern.

IV.

Neulich bin ich hinausgefahren an den Ort, vor welchem Leo sich so fürchtet, mit der S-Bahn, zwanzig Kilometer vor die Stadt. Ich habe eine Frau besucht, die Anfang Vierzig ist; sie wohnt mit ihrem Mann und den beiden Kindern aus ihrer ersten Ehe in einem kleinen Haus, das sie selber renoviert haben, und als wir beim Mittagessen saßen, war Leos Boheme weit mehr als zwanzig Kilometer entfernt. Es gab Hühnersuppe und Apfelschorle, die Kinder erzählten vom Vormittag in der Schule, der Mann war im Büro, und nach dem Essen nahmen wir unsere Kaffeebecher in die Hand und rauchten im Garten eine Zigarette. Wir sprachen über die Dinge des Alltags, über die Noten der Kinder und die Fortschritte beim Musikunterricht, übers Computermodem, das kaputtgegangen war, und den Skiurlaub, der in diesem Jahr noch teurer werden würde, vor allem aber sprachen wir über ihre Zukunftspläne, es gab einen Plan für ihren Halbtagsjob und einen für das Haus, es gab natürlich hundert Pläne für die Kinder, und wie die Frau, diese Halbtagshausfrau und Ganztagsmutter, mir gegenüberstand, hübsch, mit einem mädchenhaften Lächeln, in Jeans, Turnschuhen und von der Zukunft viel mehr beansprucht als von dem bißchen Vergangenheit, das man mit Anfang vierzig schon hat: Spätestens da war offensichtlich, daß auch ihr Leben eher einer Baustelle glich als einer festen Burg. Auch ihre Uhr ging anders als die ihrer Mutter, was ich schon deshalb weiß, weil die Frau meine Schwester ist. Und so wie ihr geht es wohl den meisten, die ein normales und unspektakuläres Leben führen, und erst auf den zweiten Blick stellt man fest, daß sie viel jünger aussehen, sich fühlen und benehmen, als das in den alten Biographiefahrplänen vorgesehen ist.

Sie alle haben an der Revolution der Lebensläufe teilgenommen – und wenn so einer, der heute dreißig, vierzig oder fünfzig ist, zurückblickt auf all die Jahre, in denen er älter wurde und doch jung geblieben ist, dann tut er sich sehr schwer damit zu sagen, ob er Täter, Opfer oder bloß Zeuge bei diesem Umsturz war oder womöglich alles zugleich. Die Revolution, die noch immer im vollen Gange ist, kommt ohne Manifeste und Volksversammlungen, ohne Führer, ohne Forderungen und ohne Guillotinen aus, es ist kein Blut geflossen, und niemand wurde an die Wand gestellt. Und doch sieht es so aus, als ob diese Revolution unser Leben ebenso unwiderruflich verändern würde, wie das die Französische und die Russische Revolution mit dem Leben der Franzosen und Russen taten.

Was gestürzt wurde, war keine Klasse, keine herrschende Clique – und doch waren es die Verhältnisse, die immer auch Machtverhältnisse sind. Was gestürzt wurde, war die Macht der Altersstrukturen und die Herrschaft der alten Lebensblaupausen, was verschwand, war der blinde Glaube, daß die Jugend spätestens mit dreißig zu Ende sei, ja der Glaube, daß Jugend überhaupt ein Ende haben müsse – und daß diese Revolution von so wenig Lärm und Aufregung begleitet wird, daß man für sie noch keinen Namen kennt und keine Straßen nach ihren tragischen Helden benennt, dafür gibt es zwei gute Gründe.

Erstens haben sich die Revolutionäre nicht zu großen Massen zusammenrotten müssen; das revolutionäre Subjekt ist jeder einzelne, der mit dreißig, vierzig, fünfundvierzig beschließt, im Meer des Möglichen noch ein bißchen herumzuplanschen und den Landgang bis auf weiteres zu verschieben. Daß die anderen ganz genauso handeln, nimmt man zwar wahr; es ist für die eigenen Entscheidungen aber keine notwendige Voraussetzung. Anders als bei jeder Revolution zuvor, welche Sieger und Besiegte, Rebellen und Gestürzte gemeinsam erlebten, ist bei dieser Revolution der Revolutionär ganz für sich allein.

Und zweitens sieht es ganz so aus, als wären bei diesem Umsturz keine Opfer zu beklagen. Wenn man, bis auf weiteres jedenfalls, die Arbeitshypothese von Joseph Epstein, wonach die allgemeine Infantilisierung und der sogenannte Jugendwahn die Ursachen nahezu aller Übel der Gegenwart

25

seien, nicht akzeptieren möchte, dann bleiben eigentlich nur noch gute Nachrichten. Alle werden jünger, alle sehen besser aus, allen geht es besser. Daß die Lage nicht ganz so einfach zu beschreiben und auch nicht ganz so rosig ist, das werden wir noch sehen.

V.

Es war in London, in den letzten Jahren des 19. Jahrhunderts – und der Umstand, daß diese Geschichte erfunden ist, ändert nichts an ihrer Wahrheit –, als das, was wir heute Jugendwahn nennen, seinen ersten und zugleich schrecklichsten Ausdruck fand. Es war im Juni, ein warmer Nachmittag, die Luft soll feucht und zu süß gewesen sein, und drinnen, im Atelier, stand ein Maler vor der Staffelei und arbeitete am Porträt eines jungen und ungeheuer gutaussehenden Mannes. Und draußen, im Garten, saß der junge Mann mit einem Freund des Malers, der in dem Augenblick, da er die Schönheit des Jungen zum erstenmal sah, schon um deren Vergänglichkeit zu trauern begann. »Ja, Mr. Gray, Ihnen waren die Götter hold. Aber was die Götter schenken, das nehmen sie bald zurück. Sie haben nur wenige Jahre, um wirklich zu leben. Wenn Ihre Jugend Sie verläßt, dann wird auch Ihre Schönheit schwinden, und plötzlich werden Sie entdecken, daß keine Triumphe mehr auf Sie warten, es sei denn, Sie geben sich mit jenen billigen Triumphen zufrieden, die Ihnen die Erinnerung Ihrer Vergangenheit bitterer machen wird als die Niederlagen. Jeder Monat, der dahingeht, führt Sie etwas Schrecklichem näher. Die Zeit ist eifersüchtig und kämpft gegen Ihre Lilien und Rosen. Sie werden bleich werden und hohlwangig und Ihre Augen trübe. Sie werden unsäglich leiden. (…) Jugend! Jugend! Es gibt nichts in der Welt außer der Jugend!«

Und der Junge hörte zu und war erschrocken, es war, so erzählt es Oscar Wilde im »Bildnis des Dorian Gray«, der Nachmittag, an dem er seine Unschuld verlor, und als der Maler seinen Gästen das fertige Porträt präsentierte, sein bestes Werk, das Gemälde, das er niemals ausstellen wollte, weil er glaubte, daß es zuviel über seine Liebe zu diesem Dorian Gray verriet, da wurde der junge Mann von einer überwältigenden Angst ergriffen. »Wie traurig das ist. Ich soll alt werden, häßlich und abstoßend. Aber dieses Bild wird ewig jung bleiben. Es wird nie älter werden, als es heute, an diesem Junitag ist… Wenn es doch umgekehrt wäre! Wenn ich ewig jung bliebe und das Bild altern würde!«

Den Wunsch des Dorian Gray erfüllte der Teufel, das Bild alterte, der Mann blieb jung, und bald mußte er das Gemälde verstecken, damit kein Besucher sehen konnte, welche Spuren sein Leben auf dem Bild hinterließ.

Als Dorian Gray, nach einer langen Zeit, in welcher er sich alle Skrupel abgewöhnt und allen Versuchungen hingegeben hatte, das Bild wieder herausholte, guckte er in eine Fratze, so bleich und hohlwangig und noch viel häßlicher, als ihm einst seine Zukunft vorhergesagt worden war.

Manchmal, nach besonders heftigen Anfällen von Jugendlichkeit, frage ich mich, wo, zur Hölle, eigentlich die Bilder versteckt sind, die an unserer Stelle altern. Oder was sonst der Preis ist, den wir zahlen müssen.

Wie alt sind wir?

I.

Als ich neulich das Photoalbum meiner Kindheit wiederfand, bekam ich einen solchen Schrecken davon, daß ich mich davon bis heute nicht erholen konnte. Ich hatte mich nicht für das Album interessiert, es war den Weg all jener Dinge gegangen, die man nicht braucht und die man doch nicht wegwerfen will, in immer dunklere Ecken des Schranks – und als ich dann beim Aufräumen darin zu blättern begann, da war es nicht etwa mein Anblick, der mich erschreckte, nicht der Gedanke an die Zeit, die seither vergangen ist. Es war der Anblick meiner Eltern, der mich erschütterte.

Dabei waren es vorwiegend heitere Bilder, eine Kleinfamilie in den sechziger Jahren, die jede Menge Zukunft vor sich zu haben scheint; der Stil der Eltern verdankte seine wichtigsten Anregungen wohl Jack und Jackie Kennedy – kein Hutzwang mehr, ein gewisses Streben nach Lässigkeit im Auftreten, eine schmale Silhouette, und natürlich hatte auch meine Mutter die Haare hochgesteckt. Und doch wirken beide auf diesen Bildern, wenn schon nicht älter, dann jedenfalls aber reifer, gesetzter, erwachsener als ich, der ich sie betrachtete.

Dabei waren sie doch erst Anfang dreißig damals, und ich, der das Album anguckte, war über vierzig. Sie waren so alt wie die jüngsten meiner Freunde, sie waren so jung, wie es die Menschen heute sind, wenn sie ihren ersten richtigen Job antreten, zum erstenmal nicht nach Hause fahren über Weihnachten oder die erste Krawatte ihres Lebens kaufen.

Sie sahen nicht so aus, als ob sie schneller gealtert wären, als wir das heute tun. Meiner Mutter hätten die Jeans, die T-Shirts, die Turnschuhe, welche heute die Dreißigjährigen tragen, sehr gut gestanden – sie wäre nur nie auf die Idee gekommen, sich wie ein Mädchen anzuziehen, und mein Vater ließ sich, außer beim Wandern oder am Strand in den Sommerferien, niemals anders als im Anzug photographieren. Er hatte sein Studium abgeschlossen, bevor er fünfundzwanzig war, und danach wäre ihm – er war Jurist – nie etwas anderes eingefallen, als sein Referendariat hinter sich zu bringen. Er hatte mit vierundzwanzig geheiratet, war mit siebenundzwanzig zum erstenmal Vater geworden, und jetzt, mit Anfang dreißig, hatte er eine Tochter und einen Sohn, ein Reihenhaus, das abbezahlt werden mußte, und einen Chef, der, zusammen mit seiner Frau, manchmal zum Abendessen kam, woran ich mich, gerade weil ich nicht dabeisein durfte, noch ganz gut erinnern kann. Die Herren trugen dunkle Anzüge, die Damen das kleine Schwarze, ich mußte brav »Guten Abend« sagen und ging dann ausnahmsweise allein ins Bett, weil meine Mutter mit der Zubereitung des Abendessens beschäftigt war und deshalb nicht zum Gutenachtsagen kommen konnte, was zur Folge hatte, daß ich noch stundenlang, wie es mir vorkam, wach im Bett lag und mir vorstellte, daß auch ich bald einen dunklen Anzug, eine Krawatte und eine Brille tragen und eine elegante Dame ausführen würde.

Meine Mutter war, in dem Alter, in welchem junge Frauen heute ihre Ausbildung abschließen, Hausfrau und Mutter und damit ganz einverstanden. Sie erzog ihre Kinder, sorgte sich um das neue Haus, hielt das Geld zusammen und benahm sich in Gesellschaft genauso, wie man das von der Frau eines aufstrebenden Staatsanwalts erwartete.

Das also war das Paar, das mich aus den Photos meines Albums anguckte: Zwei Menschen, die noch jung sind, und deren Jugend doch vor mindestens zehn Jahren zu Ende gegangen ist; ein Mann und eine Frau, die alles Mögliche im Kopf haben, aber ganz bestimmt keine Flausen, kaum Skepsis sich selber gegenüber und denen nichts fremder sein könnte als der Zweifel, ob das Leben, das sie jetzt führen, auch das richtige sei.

Sie waren mit Anfang Dreißig so, wie fast alle mit Anfang Dreißig waren, und die Frage, warum sie sich für dieses Leben entschieden hatten, wäre ihnen so abwegig vorgekommen wie die Frage, ob sich nicht am Ende dieses Leben für sie entschieden haben könnte. Sie waren mit Anfang Dreißig so, wie ihre Eltern mit Anfang Dreißig gewesen waren und ihre Großeltern auch und eigentlich alle, soweit sie sich erinnern konnten.

Warum, zur Hölle, dachte ich, sind wir, ihre Kinder, jetzt ganz anders.

II.

Wir saßen am Tisch und blätterten gemeinsam in dem Photoalbum. »Was du hier siehst«, sagte ich zu ihr, »ist der Beweis dafür, daß die Revolution längst gesiegt hat.«

»Was ich hier sehe«, antwortete sie, »ist doch eher das Gegenteil. Die glückliche Kleinfamilie. Das Reihenhaus. Das grundsätzliche Einverständnis mit der Welt, so wie sie ist.«

»Ja eben: Du siehst eine Welt, die untergegangen ist. Eine

Welt, die nie mehr wiederkehren wird. Schau mich an, schau dich selber an, dann weißt du, was ich meine.«

»Du siehst nicht aus wie ein Revolutionär.«

»Du auch nicht. Deshalb fällt es uns ja so schwer, diese Revolution richtig wahrzunehmen.«

»Wovon sprichst du überhaupt?«

»Ich spreche davon, daß wir mit dreißig nicht mehr dreißig waren und mit vierzig nicht mehr vierzig. Auch mit fünfzig werden wir anders sein. Das ganze Lebensgerüst ist eingestürzt. Die ganzen Biographie-Baupläne sind nicht mehr zu gebrauchen.«

»Und das soll eine Revolution sein?«

»Die Dinge sind nicht mehr so, wie sie waren. Mein Vater war, allerspätestens, mit dreißig erwachsen. Mein Großvater auch. Du kannst in der Geschichte so weit zurückgehen, wie du willst. Bis zu Plato meinetwegen. Es gab da immer den gleichen Rhythmus, die gleiche Struktur. Und mit vierzig fing man damit an, langsam älter zu werden.«

»Mußt du wirklich gleich die ganze Weltgeschichte herbeizitieren, bloß weil du deine Schwierigkeiten mit dem Erwachsensein hast?«

»Das ist doch das Mißverständnis. Mir geht es so, dir geht es so, und jeder von uns denkt: Na ja, komisch, ich hab schon wieder so ein jugendliches Gefühl. Wird schon vorbeigehen, wenn ich mich nur beruhige. Und in Wirklichkeit geht es allen so.«

»Du glaubst wirklich, daß ich ständig solche Gefühle kriege? Du täuschst dich. Ich bin in meinen Vierzigern, und so fühle ich mich auch. Ich fühle mich wie eine Frau meines Alters. Und ich finde, das ist einer Frau meines Alters auch ganz angemessen. Wer sich jünger fühlt, macht sich doch bloß lächerlich.«

31

»Und warum pfeifen dir manchmal die Männer hinterher? Glaubst du, vor vierzig Jahren hätten die Männer einer Vierzigjährigen hinterhergepfiffen?«

»Ich finde, sie sollten das auch heute unterlassen.«

»Es ist aber so. Quentin Tarantino wird als junger Filmregisseur gehandelt. Dabei ist er so alt, wie es Fassbinder nie geworden ist.«

»Glaubst du wirklich, daß alle immer jünger werden?«

»Natürlich werden wir älter. Alle werden älter. Aber wir werden immer langsamer älter.«

»Ich hätte nichts dagegen, wenn es bei mir noch wesentlich langsamer ginge. Ich hätte nichts dagegen, wenn ich einfach aufhören könnte, älter zu werden. Oder, noch besser, wenn ich schon vor zehn Jahren damit aufgehört hätte. Wenn das die Revolution ist, bin ich jederzeit dafür.«

»Aha. Du bist also dafür. Du bist dafür, daß Leute wie wir, Menschen, die mit dem Jungsein noch gar nicht richtig aufgehört haben, beim Arbeitsamt längst für alte Säcke gelten. Was glaubst du eigentlich, was sie dir anbieten, wenn du mit fünfundvierzig arbeitslos wirst? Und was glaubst du, wie wenig es sie interessiert, wenn du jünger aussiehst und dich jünger fühlst? Du bist dafür? Dafür, daß die Werbung dir nur noch ein paar Jahre gibt? Mit fünfzig bist du draußen aus der sogenannten werberelevanten Zielgruppe. Dann wollen sie dir nicht mal mehr einen Schokoriegel verkaufen. Es interessiert sie nicht, ob dir Schokoriegel schmecken. Du bist einfach nicht mehr interessant für sie. Zu alt. Bring das doch mal mit deinem gefühlten Alter zusammen!«

»Und wennschon. Sie halten mich also für alt. Ist doch gut, wenn ich dann nicht auch noch alt aussehe.«

III.

Als Ludwig van Beethoven seine »Sonata quasi una fantasia«, die sogenannte »Mondscheinsonate«, schrieb, im Jahr 1801, war er 31 Jahre alt; im Jahr darauf begann er taub zu werden, was ihn in eine schwere Seelenkrise trieb. Als er, nach einem Jahr der Verzweiflung, sich langsam wieder fing, war er zu dem Mann geworden, dessen Bild noch immer in unserem kollektiven Gedächtnis abgespeichert ist, diesem ungeheuer ernsten, ziemlich bitteren Mann mit einer Stirn voller Falten und furchterregend tiefen Augen, einem Mann von 35 Jahren.

Ungefähr zur gleichen Zeit begann sich Friedrich Schillers Gesundheitszustand zu verschlechtern. An Tuberkulose war er erkrankt, als er 32 war. Jetzt wurde er eine Erkältung nicht mehr los, eine Bauchfellentzündung kam dazu, er litt an Darmkoliken und fiel immer öfter in Ohnmacht. Schiller, der elf Jahre älter als Beethoven war, schrieb den »Wilhelm Tell« noch zu Ende, sein »Demetrius« blieb Fragment. Als Schiller starb, war er 45 Jahre alt.

Georg Friedrich Wilhelm Hegel, der genauso alt wie Beethoven war, wohnte in Jena und sorgte sich um seine bürgerliche Existenz. Er beneidete seinen Tübinger Stiftskollegen Friedrich Wilhelm Schelling, der fünf Jahre jünger war und schon seine zweite Professur angetreten hatte, während Hegel sich als Privatdozent über Wasser hielt und ungeduldig wartete auf den Ruf einer Universität. Es ging ihm nicht gut, er hatte schon vor einiger Zeit »etwas kränklich und grämlich« auf Friedrich Schiller gewirkt. Er sah ganz so aus, als ob er, in seinen frühen Dreißigern, mit dem Altern schon begonnen hätte.

So ein kleiner Ausschnitt, Deutschland vor 200 Jahren,

große Männer, große Namen, ist natürlich, einerseits, ein bißchen willkürlich gewählt. Und andererseits käme man zu ganz ähnlichen Ergebnissen, hätte man Frankreich vor 150 Jahren ausgesucht oder England im frühen 17. Jahrhundert oder die Lebensgeschichten des Gärtnermeisters Johann Baptist Hoffmann aus Bamberg und des Schulmeisters Heinrich Dinkelacker aus Sindelfingen. Über die Großen wissen wir eben mehr als über die Kleinen, das ist der ganze Unterschied – worauf es hier ankommt, ist ohnehin vor allem der Umstand, daß, spätestens seit dem Ende des Mittelalters, in ganz Europa die Lebensuhren so eingestellt wurden, wie sie bis vor wenigen Jahren gegangen sind. Den Männern war mehr Zeit und mehr Freiheit als den Frauen gegönnt – daß, um ein paar Beispiele zu nennen, Lessing mit 49 Jahren heiratete, Goethe angeblich mit 37 entjungfert wurde und Wagner erst 53 werden mußte, bis er, zusammen mit Cosima von Bülow, endlich seinen Clan gründen konnte: Das fanden die Zeitgenossen nicht besonders bemerkenswert. Aber eine Frau, die mit 25 Jahren keinen Mann gefunden hatte, mußte sich eine alte Jungfer schimpfen lassen. Und der klassische, quasi aristotelische Aufbau von Lebensanfang, -mitte und -schluß kam auch nicht durcheinander, bloß weil gelegentlich ein alternder Herr bei einem jungen Mädchen landen konnte.

Ein Mensch war Kind, bis er in die Pubertät kam, er war jugendlich, bis er da wieder herauskam, und wer das Pech hatte, unter Bauern oder Handwerkern aufzuwachsen, der hatte von dieser Jugend nicht allzuviel, weil er zu arbeiten anfangen mußte, sobald er kräftig genug war, eine Mistgabel in die Hand zu nehmen, die Werkstatt zu fegen oder dem Lehrherrn einen Krug Bier zu holen. Wer in die besseren Verhältnisse hineingeboren wurde, wer sich darauf vorbereitete, Offizier zu werden, Kaufmann oder Akademiker, von dem wurde erwartet, daß er Ausbildung und Studien in der ersten Hälfte seiner Zwanziger mit Erfolg beendet hatte, und wenn so ein Herr Doktor oder Leutnant dann nicht sofort eine 18jährige heiratete, dann lag das meistens nur daran, daß es noch ein paar Jahre dauerte, bis Geld genug für eine ganze Familie in der Haushaltskasse war. Karl Marx wurde promoviert mit 23, er war Chefredakteur der Kölner »Rheinischen Zeitung« mit 24, er war damals schon ziemlich bekannt, nur vermögend war er nicht, und daß er mit 25 seine Jugendliebe Jenny von Westphalen heiratete, war womöglich der Fehler, von dem sich seine Finanzen nie mehr erholten.

Es waren nicht die Gene, es waren weder die Gesetze der Biologie noch irgendwelche anthropologischen Konstanten, was den Menschen diesen Lebensrhythmus diktierte. Es war die bürgerliche Gesellschaft, die sich entwickelte und immer komplexer wurde. Diese Gesellschaft brauchte, einerseits, Arbeitskräfte, die gut ausgebildet waren. Und andererseits konnte sie es sich nicht leisten, die Ausbildungszeiten – und damit die sogenannte Jugend – bis übers fünfundzwanzigste oder gar bis zum dreißigsten Lebensjahr zu verlängern. Sie konnte es sich nicht leisten, auf die Arbeitskraft und die Produktivität jener jungen Männer zu verzichten, die mit 25 gefälligst höchste Leistungen erbringen sollten. Da die Gefahr, daß sie mit 45 an einer Erkältung sterben würden, ziemlich hoch war, durfte man sie nicht bis zum dreißigsten Lebensjahr studieren oder gammeln lassen.

Wer solche Aussichten hatte, mußte sich beeilen. La Fayette war 31, als die Französische Revolution begann, Danton war 34, Robespierre war 36, als die Guillotine ihr Leben beendete, und Napoleon war 35, als er die Revolution liquidierte und sich zum Kaiser der Franzosen krönte.

Heinrich von Kleist war 34, als er sich erschoß, Novalis war 29, als er an einer Lungenkrankheit starb, und Thomas Mann, den wir als ewigen älteren Herrn in Erinnerung haben, war 26, als er mit den »Buddenbrooks« berühmt wurde.

Isaac Newton war noch keine 30, als er seine grundsätzlichen Erkenntnisse über die Gesetze der Gravitation gewann. Albert Einstein war 26, als er mit der Relativitätstheorie die Physik Newtons überwand, und Einstein war es auch, der die Absolutheitstheorie vom jungen Genie formulierte: »Ein Mensch, der nicht vor seinem 30. Geburtstag seinen großen Beitrag zur Wissenschaft geleistet hat, wird es niemals tun.«

Damit war natürlich die Naturwissenschaft gemeint; daß Männer, die nach der alten Zeitrechnung für ältere Herren galten, daß also Menschen über vierzig noch ganz gut dazu in der Lage waren, über die Grundlagen der Ästhetik zu schreiben, ein Theaterstück zu verfassen oder eine Oper zu komponieren, das war evident – wenngleich der Verdacht immer blieb, daß alle diese Werke letztlich auf Gedanken und Ideen beruhten, welche ihren Autoren schon in deren Jugend zugefallen waren.

Aber die wahren Geistesblitze, die Erfindung des Kühlschranks und des Viertaktmotors, die Entdeckung des Atomkerns und des Periodensystems der Elemente, das waren Leistungen, die anscheinend nur sehr junge Leute erbringen konnten. Der Mathematiker John von Neumann soll einmal gesagt haben, seine mathematischen Fähigkeiten seien schon vom 26. Lebensjahr an dramatisch gesunken. Und der Psychologe Harvey Lehmann veröffentlichte 1953 eine Studie, deren Ergebnisse darauf hinausliefen, daß die meisten neuen und kühnen Gedanken, die bahnbrechenden Erfindungen und Entdeckungen in der Mathematik und Physik, in Biologie und Chemie das Werk von Menschen unter dreißig gewesen seien – nach dem 40. Geburtstag sei praktisch überhaupt nichts Neues mehr entstanden in den Köpfen selbst noch der klügsten Leute.

Was Lehmann da zusammengetragen hatte, gründete nicht auf Spekulation; es waren die harten, empirischen Fakten, es waren quantifizierbare Tatsachen – und weil die, scheinbar, unwiderlegbar waren, bemühten sich Medizin und Biologie in der Folge nur noch darum, eine solide Begründung nachzuliefern. Man maß die Leistung des Gehirns und erkannte, daß die »fluide Intelligenz« bei den Jungen, die »kristalline Intelligenz« aber bei den Alten sei, und schon die Wortwahl spiegelte die Wertung wider. Man glaubte, herausgefunden zu haben, daß Tempo und Flexibilität des Denkens nachließen, daß der menschliche Arbeitsspeicher schon im dritten Lebensjahrzehnt schrumpfe und die Neugier rapide nachlasse. Kurzum, es sprach alles dafür, daß unsere Lebensuhren eben doch von der Biologie gestellt wurden und nicht von der Kultur. Es sah so aus, als ob es unumstößliche naturwissenschaftliche Gesetze gebe, die bestimmten, wie alt ein Mensch in welchem Lebensjahr sei.

Sollten diese Gesetze wirklich gültig sein, dann wäre die deutsche Gesellschaft eine große Ideenvernichtungsmaschine. Dann müßte man die Studenten zum doppelten Tempo beim Studieren zwingen und die Forschungslabors der Universitäten und die Entwicklungsbüros der großen Firmen mit den 25jährigen füllen. Und schon den 40jährigen müßte man sagen, daß es in unserer sich rapide verändernden Wissens- und Informationsgesellschaft eigentlich nichts für sie zu tun gebe, da selbst das Verwalten und Perfektionieren der Ideen, die sie als 30jährige hatten, obsolet geworden sei, weil diese Ideen viel zu schnell veralteten.

Vor allem aber würde die Gültigkeit dieser Gesetze bedeuten, daß all jene, die sich jung finden, wenn sie in den Spiegel schauen, und sich jung fühlen, wenn sie noch ein wenig tiefer gucken, in sich hinein; daß die George Clooneys und Rene Russos und ihre ganz normalen Altersgenossen auf der anderen Seite der öffentlichen Bilder, daß also Leo und ich und die meisten unserer Zeitgenossen einem schrecklichen Betrug zum Opfer gefallen sind. Wir müßten dann unseren Körpern mißtrauen und dürften nicht mehr auf unsere Gefühle horchen. Denn beide suggerierten uns, daß wir jung seien und womöglich schön, attraktiv jedenfalls, gut in Form, gefühlte dreißig sozusagen. Während unsere Gehirne, unser Denken, unser Intellekt unaufhaltsam altern.

Eine gruselige Vorstellung: Julianne Moore blickt uns an, ihre Augen strahlen, ihre Haut ist frisch geblieben, und ihr Lächeln ist beseelt von der Fröhlichkeit und der Zuversicht der Jugend. Alle Sinne sagen uns, daß sie, die 44jährige, jung und begehrenswert ist. Aber drinnen, das wissen wir, hinter den schönen Augen und dem unwiderstehlichen Lächeln, drinnen arbeitet ein vergreisender Geist, ein Bewußtsein, das längst älter, starrer und dümmer geworden ist. Das ist als Vorstellung mindestens ebenso schockierend, wie es einst Dorian Gray war, dessen schönes und unschuldiges Gesicht eine glatte Lüge war, weil die Spuren all seiner Sünden und Verbrechen sich nur auf seinem Bildnis zeigten.

Lehmanns Fakten stimmten, aber Lehmann zog die falschen Schlüsse daraus. Wer mit 26 die geniale Idee hatte, war durchaus nicht mit 36 verblödet. Er hatte nur geheiratet und Kinder bekommen, was seinen beruflichen Ehrgeiz bremste. Er hatte, als Folge seiner Entdeckung, jetzt eine Professur und schlug sich herum mit Lehre und Verwaltung. Oder er hatte ein Unternehmen gegründet, das er jetzt führen mußte.

Und wenn seine Entdeckung wirklich so bahnbrechend war, dann hatte er auch sein Leben lang mit deren Folgen und Nebenwirkungen, mit den Konsequenzen und Schlußfolgerungen zu tun.

Es gibt kein unumstößliches biologisches Gesetz, welches das Genie und die Inspiration einem bestimmten Lebensalter zuordnete, es gibt allen Grund zu der optimistischen Annahme, daß ein 36jähriger, der sich heute so jung fühlt, wie es der 26jährige Albert Einstein vor hundert Jahren war, durchaus das Rad erfinden könnte oder den Kühlschrank oder die Formel für Coca-Cola. Die Zyklen des Geistes beruhen genauso wenig auf Naturgesetzen, wie es jene Biographie-Baupläne tun, die den Ernst des Lebens mit Anfang zwanzig beginnen lassen und das Altern mit Mitte vierzig. Unsere Väter und Mütter haben so gelebt, unsere Großeltern und Urgroßeltern auch, die Kalender Europas und Nordamerikas sind so lange nach dieser Zeitrechnung gegangen, daß es so aussah, als hätte die Natur selbst die Lebensuhren eingestellt.

In einer Gesellschaft aber, die womöglich glücklicher als die unsere war, im antiken Griechenland, wo die freien Menschen jede Arbeit außer dem Krieg und den Künsten verachteten (weil das ihre Sklaven für sie erledigten), in jener Epoche, in welcher der prozentuale Anteil der Genies an der Gesamtbevölkerung vermutlich höher was als heute, in dieser Zeit sind die Uhren ganz anders gegangen. Der Philosoph Plato entwarf im vierten vorchristlichen Jahrhundert einen Idealstaat, in welchem die Philosophen regieren sollten, und damit diese künftigen Führungskräfte auch gut vorbereitet wären für ihre wichtigen Positionen, schlug Plato eine Ausbildungszeit von zehn Jahren vor – mit zwanzig sollten die jungen Männer zu studieren beginnen, mit dreißig sollten sie geprüft werden. Das wären die angeblich so schrecklichen deutschen Verhältnisse, und Plato machte sich nicht die geringste Sorge darüber, daß so ein Dreißigjähriger dann womöglich schon zu alt sein könnte, die Geometrie um neue Erkenntnisse zu bereichern oder die Kugelgestalt der Erde aus der Länge der Schatten abzuleiten.

Platos Nachfolger Aristoteles machte sich im siebten Buch der »Politik« auch seine Gedanken über die Lebenszyklen, er fragte sich, wann Menschen heiraten und wann sie Kinder zeugen sollen; er kam zu dem Ergebnis, daß Männer idealerweise mit 37 Jahren, Frauen ruhig schon mit 18 heiraten dürften. Damit gesunde Kinder zur Welt kommen, meint Aristoteles, dürften die Eltern nicht zu jung sein; auch schade es ihrer Autorität, wenn der Altersunterschied zwischen Kindern und Eltern zu gering sei. Als Altersobergrenze fürs Kinderzeugen schlägt Aristoteles bei den Männern das siebzigste, bei den Frauen das fünfzigste Lebensjahr vor. Und insofern ist die »Politik« eine sehr erbauliche Lektüre für jene unter den Vierzigjährigen von heute, die schon anfangen, sich alt zu fühlen.

Aristoteles' berühmtester Schüler, der Makedonenkönig Alexander, kümmerte sich allerdings wenig um die Zeitpläne seines Meisters. Er war 22, als er seinen Krieg gegen die Perser begann, und mit 25 hatte er ihn gewonnen, und vermutlich sah die gesamte antike Welt (und ganz bestimmt ihr persischer Teil) darin eine verdammte jugendliche Unverschämtheit, einen typischen Fall von Jugendwahn. Miltiades, der Feldherr von Athen, hatte doch damals, im Jahr 490, im ersten Perserkrieg, auch erst fünfzig werden müssen, bis er, in der Schlacht von Marathon, zum erstenmal den Feind besiegen durfte. Und als zehn Jahre später die Perser wiederkamen, war Themistokles, der Sieger der Seeschlacht von Salamis, immerhin schon 40 Jahre alt.

So war die Antike: Man nahm sich mehr Zeit. In der Bibel wird von einem gewissen Handwerker aus der Ortschaft Nazareth berichtet, und wenn wir die Geschichte richtig verstanden haben, war dieser junge Mann auch schon dreißig, als er endlich auszog bei seinen Eltern.

Lebensläufe I: Karriere

An dem Tag, an dem sie vierzig wurde, fuhr Sophia mittags hinauf auf den Fernsehturm, und abends kochte sie, und dann kamen Freunde, es war ganz nett, das Essen schmeckte, es war nur überhaupt nicht glamourös, nichts war glamourös in diesem feuchten Land, wo der Herbst anfing, wenn zu Hause Frühling war – und daß der Geburtstag so ein unglücklicher Tag war, lag nicht bloß am Regen und diesem gottvergessenen Land, aber das Land machte alles noch ein bißchen schlimmer. Sophia war so weit weg von zu Hause, weiter ging es nicht. Sie war am entgegengesetzten Punkt der Erde. Wohin sie sich von hier aus auch bewegen würde, sie würde immer auf dem Rückweg sein.

Sie war mit ihrem Mann nach Neuseeland gegangen. Sie hatte ihm, als sie in München heirateten, versprochen, daß sie mit ihm gehen würde, wenn er, nach mehr als zehn Jahren in Europa, eines Tages nach Hause zurückkehren wollte. Jetzt war sie da und fragte sich, was sie hier verloren hatte. Sie hatte keinen Job, sie hatte kaum Freunde – bloß Panik hatte sie. Vierzig und Neuseeland, schlimmer konnte es kaum werden. Voran ging jetzt gar nichts mehr. Sie konnte zum Barbecue einladen und sich um die Wäsche kümmern und ihrem Mann die Daumen drücken, daß er ein paar gute Aufträge bekam für sein Architekturbüro. Ihre Jugend war fast zwanzigtausend Kilometer weit weg. Ihre Gegenwart stand auf dem Kopf.

Als wir uns in München trafen, setzte sie sich in den Schatten und sagte, es gehe ihr gut. Es sei ein angenehmes Gefühl, erwachsen zu sein, einen guten Job zu haben und ein Auto, mit dem sie an den Sommersonntagen in die Berge fährt. Einen Mann, sagte sie, habe sie nicht und vorerst auch keine Sehnsucht nach einem. Die Zeit, von der sie in Neuseeland glaubte, daß sie davongelaufen sei, diese Zeit hat sie längst wieder eingeholt. Sie wird für jünger eingeschätzt, sie fühlt sich jünger, als sie das an ihrem vierzigsten Geburtstag erwartet hätte, und neulich, mit zweiundvierzig, hat sie sich mal wieder für einen neuen Job beworben. Sie hat ihn bekommen, aber das war es nicht allein, was ihre Stimmung in die Höhe trieb. Ihr Lebenslauf, sagten die Leute in der Personalabteilung, dieser Lebenslauf habe sie für Sophia eingenommen.

Sophia ist Designerin, sie entwirft für eine mittelgroße Firma das, was im Jargon ihrer Branche schlicht DOB heißt, Damenoberbekleidung, ein paar T-Shirts, Blusen, Pullover pro Saison, sie hat einen dieser Jobs, die kreativ heißen und für welche man angeblich gar nicht jung genug sein kann. Und daß sie mit zweiundvierzig jung genug war, das stand offenbar in diesem Lebenslauf, auf den Sophia, als sie ihn verfaßte, nicht besonders stolz gewesen war. Kein Abitur. Kein Drang, möglichst schnell möglichst weit hinaufzukommen. Ihren Ehrgeiz hat sie erst mit Ende dreißig entdeckt; bis dahin hatte sie die meiste Zeit damit verbracht, das zu tun, was sich gerade so ergab, und manchmal, wenn es ihr nicht gut ging, dachte sie, daß es vielleicht der Fehler ihres Lebens war, daß sie, als sie siebzehn war, ein Kind bekommen hat.

Sie war sechzehn, als sie merkte, daß sie schwanger war,

43

und als das Kind dann da war, ging sie nicht mehr aufs Gymnasium zurück. Sie zog raus aus München, nach Niederbayern, zu Freunden, die in einer Landkommune wohnten. Es waren die späten Siebziger, es ging, auch wenn es immer noch Kommune hieß, schon lange nicht mehr um Politik. Sie bauten ein bißchen Gemüse an, aber richtige Biobauern wurden sie nicht. Dafür fehlte es am Know-how und an der Ambition. Sie lebten von Luft und Liebe, sagten sie, aber ein paar Mark kamen immer von irgendwelchen Eltern, und wenn einer losfuhr, um Haschisch und Marihuana für alle zu besorgen, brachte er meistens ein bißchen mehr mit; das konnten sie dann weiterverkaufen. Die Freunde aus München waren immer eingeladen, und wer dann für ein paar Tage aufs Land kam, mußte erst einmal den Kühlschrank füllen.

Sie waren Hippies, sie kümmerten sich nicht um die Stundenpläne der Angestelltenwelt. Einen Nachmittag lang bekifft im Garten zu liegen und ins Geäst der Bäume zu gucken, brachte einen weiter, als wenn man diesen Nachmittag in einem Büro herumgesessen hätte. Ein Tag im Bett, mit Sex und einem schönen Kräutertee hinterher, war entschieden besser als ein Tag in der Fabrik.

In ihrem Lebenslauf hat Sophia ihre vier Jahre mit der Landkommune als Mutterpause verbucht. Für sie, die Mutter, war es verschwendete Zeit, sagt sie heute: ein paar stimmungsvolle Tage, ein paar schöne Nächte, nichts, was man nicht auch in einem halben Jahr erleben könnte. Aber für Jule, die Tochter, war es ideal. In München, sagt Sophia, hätte sie sich eine winzige Zweizimmerwohnung nehmen müssen, und nach ein paar Monaten mit dem Kleinkind, der Waschmaschine und dem Staubsauger wäre sie wohl aus dem Fenster gesprungen oder hätte angefangen, das Baby zu beschimpfen. Dort draußen gab es andere Paare mit anderen Kindern, dort draußen hatte Jule immer jemanden zum Spielen, und wenn die Mutter auch ein bißchen Spaß haben wollte, mußte sie nicht erst einen Babysitter engagieren.

Aber länger als vier Jahre hält es kein Mensch in der Landkommune aus, und seit sie zurück in München war, verdiente Sophia sich ihr Geld mit Näharbeiten, sie kürzte Ärmel, versetzte Knöpfe, ihr Auftraggeber war Bernd Stockinger, dessen Boutique »Sweetheart« damals als die schickste in ganz München galt. Und als sie ein besonders teures Kleid zum Ändern bekam, das sie zwei Tage lang anguckte und dann zurückbrachte ohne jede Änderung, weil sie zu große Angst hatte, sie könnte es ruinieren – da merkte Sophia, daß sie nicht wirklich konnte, was sie tat.

Sie fing eine Lehre als Schneiderin an, schon der erste Tag war grauenhaft. Aufstehen zu einer unmenschlichen Zeit. Dann die Tochter in die Tagesschule bringen. Abends die Kleine wieder abholen, kochen für beide, und dann dafür sorgen, daß die Wohnung nicht verkam. Sie ist um neun Uhr ins Bett gegangen, sie ist die folgenden drei Jahre immer um neun Uhr ins Bett gegangen, und meistens hatte sie ein schlechtes Gewissen, weil sie fand, daß ihre Tochter mehr Zuwendung verdiente. Die Kleine, erzählt Sophia, habe vom Moment, da sie abgeholt wurde, bis zu der Minute, da ihr endlich die Augen zufielen, eigentlich ununterbrochen reden wollen, sie erzählte von ihrem Tag, und dann hatte sie eine Frage nach der anderen, und dann wollte sie zu jeder Lebensfrage die Meinung ihrer Mutter hören, und die Mutter, die wußte, wie wichtig solche Gespräche sind, stellte viel zu häufig ihren Autopiloten an.

Große Ambitionen habe sie damals nicht gehabt, sagt Sophia, für große Ambitionen sei eine Schneiderlehre ohnehin die falsche Wahl; sie wollte nur das Handwerk lernen, gut genug, damit sie nie wieder einen Auftrag würde ablehnen müssen. Sie brauchte den Gesellenbrief, damit sie ein Gewerbe anmelden konnte, und als sie fertig war, nahm sie wieder Aufträge an, verlangte ein bißchen mehr Geld, aber auch nicht sehr viel, hängte noch ein paar Monate Schnittausbildung dran, und gelegentlich entwarf sie selber ein paar Sachen, hübsche und praktische Kinderkleidung, und irgendwer machte sie mit den Redakteuren einer Zeitschrift bekannt, die genau so jemanden suchten.

Die Zeitschrift stellte Sophias Ideen vor, und wer wollte, konnte dann die Sachen bei ihr bestellen. Sie verdiente damit Geld genug für ein kleines Atelier, in das ihre Tochter nach der Schule kam und Hausaufgaben machte, es reichte für sie selber, die sehr viel ausging, weil drei Jahre Lehrzeit nachzuholen waren, und oft mußte sie auch ihren Freund mitziehen, der sich viel Zeit, extrem viel Zeit für seine Diplomarbeit nahm. Es sei kein schlechtes Gefühl gewesen, drei Leute ernähren zu können, sie war Unternehmerin, saß am Telephon und nahm die Bestellungen an, und in den Wochen vor Weihnachten, sagt Sophia, sei sie manchmal mit dem Schubkarren zur Post gegangen, weil es so viele Pakete zu verschicken gab.

Es ging ihr auch damals, in ihren späten Zwanzigern, nicht um Geld, um Aufstieg, Ambition; es war nicht schlecht, so wie es war, sie hatte die Freiheit, die sie brauchte, Zeit fürs Kind, und dreimal in der Woche ging sie Tango tanzen. Sie wollte für sich arbeiten, erzählt sie heute, sie habe sich nicht unterordnen können, und natürlich sei es ganz bequem gewesen, daß sie nur an Jule zu denken brauchte, um jeden Gedanken an ein höheres Lebenstempo, ein bißchen mehr Ehrgeiz ganz schnell wegzuschieben.

Sie verlor die Lust an diesem Geschäft, als die Billigläden kamen; die hatten hübsche Kindersachen zu Preisen, mit denen Sophia nicht konkurrieren konnte. Und dann hatte sie sich mit einer Frau zusammengetan, die ganz gut, aber ein bißchen träge war, und der Freund dieser Frau war ein großes Arschloch; irgendwann fehlte Geld, und ein Scheck platzte, und die beiden weigerten sich, es zurückzuzahlen, und als Sophia ihre kleine Firma liquidierte, war sie nicht besonders traurig darüber.

Sie hatte Richard kennengelernt, den Architekten aus Neuseeland, und wenn sie mit Richard zusammen war, bemerkte sie erst, wie überdrüssig sie ihres alten Lebens war. Richard hatte nicht nur die halbe Welt umrundet, von Neuseeland nach München, er hatte auch ziemlich viel davon kennengelernt, er hatte Jobs in diversen Ländern gehabt, und Sophia kam es so vor, als wäre sie nie wirklich aus Haidhausen, dem Münchner Hippieviertel, herausgekommen. Richard war nicht reich, er hatte aber Geld genug, um mal nach London oder Paris zu fliegen für ein langes Wochenende, und Richards Freunde fand Sophia auf einmal interessanter als die Typen, die sonst um sie herumhockten und es für Freiheit hielten, wenn sie mit Anfang, Mitte Dreißig immer noch nicht wußten, ob ihr Geld für den ganzen Monat reichen würde.

Sie entdeckte Bedürfnisse, die sie, noch ein paar Jahre zuvor, als spießig abgetan hätte. Sie hatte Richard, aber sie wollte auch sonst ein bißchen mehr Sicherheit und vielleicht soviel Geld, daß sie so ein Flugticket nach Paris auch mal selber bezahlen konnte. Sie ging, mit 32, zum erstenmal in ihrem Leben auf den Arbeitsmarkt, las die Stellenanzeigen in der »Süddeutschen« und bekam tatsächlich einen Job bei einer Modefirma. Es war keine besonders schicke Firma, es war auch kein sehr schicker Job, erst arbeitete sie im Stoffeinkauf, dann in der Qualitätskontrolle, aber ganz schlecht war das auch nicht, und immerhin zahlte sie Lohnsteuer und Beiträge für die Rentenversicherung; sie lebte ein halbwegs bürgerliches Leben, und sie hielt es ein paar Jahre aus, bis sie merkte, wie langweilig es war.

Denn natürlich wollte sie nicht in der Verwaltung arbeiten. So gut, wie die Designer dieser Firma waren, so gut, fand Sophia, war sie schon lange. Sie bekam nur keine Gelegenheit, das zu beweisen, nicht, wenn sie in dieser Firma blieb. Sie kündigte, sie bewarb sich an der Meisterschule für Mode, sie wurde angenommen, obwohl sie, mit Mitte dreißig, eigentlich zehn Jahre zu alt dafür war.

Es war, als könnte sie das nicht: ruhig und bürgerlich leben und sich langsam an den Gedanken gewöhnen, daß so ein Leben in Sicherheit eben auch ein bißchen langweilig ist. Sie lebte, schon wieder, das Leben einer Jugendlichen. Ihre Tochter ging längst aufs Gymnasium. Und sie, die erwachsene Schülerin, die Mutter einer Tochter, die auch schon ihre Kindheit hinter sich hatte, sie verkaufte, wenn sie gerade nicht zur Schule ging, Damenoberbekleidung im Kaufhaus Ludwig Beck, damit das Geld einigermaßen reichte. Und die Tochter, die jedes halbe Jahr mit einem phantastischen Zeugnis nach Hause kam, war, wenn schon kein Vorbild, dann jedenfalls eine Herausforderung für ihre Mutter, die auch eine gute Schülerin sein wollte: Als sie fertig war mit der Modeschule, bot ihr eine gute Firma einen Job an. Nicht gerade Chefdesignerin; aber sie konnte ihre eigenen Sachen entwerfen, und dann wurden diese Kleider produziert, und ein halbes Jahr später hingen sie in den Boutiquen, und das war schon ein befriedigendes Gefühl.

Bevor sie heirateten, hatten Sophia und Richard eine Art Pakt geschlossen. Wenn Richard eines Tages zurückgehen würde nach Neuseeland, dann würde Sophia mitkommen und keine Zicken machen. Sie liebte ihn, sie war bereit, dort hinzugehen, wo er hinging, sie hatte nur absolut keine Sehnsucht nach Neuseeland, und sie war ihres Lebens in München auch nicht überdrüssig, und als sie im Flugzeug saßen, heulte sie bis Tokio.

Richard war anfangs, als er sein Architekturbüro eröffnete, nicht gleich erfolgreich, aber zuversichtlich. Und Sophia war entschlossen, sich zur Zuversicht zu zwingen. Sie bewarb sich für die vier, fünf offenen Stellen, die es in ihrer Branche gab, und wurde abgelehnt, obwohl sie, davon war sie überzeugt, viel qualifizierter war als die einheimischen Bewerber. Sie merkte, daß ihr ohnehin die Lust verging, Mode zu entwerfen für diese Leute, die doch am liebsten in Shorts und Freizeithemden herumliefen. Sie sah, daß hier nur die Einwanderer glücklich wurden, die es zu Hause nicht mehr ausgehalten hatten, Leute, die sich endlich den Traum erfüllen wollten, Schafe zu züchten oder Gemüse anzubauen. Für eine Modedesignerin aber war Neuseeland definitiv der falsche Ort, und wenn Sophia nur mal kurz versuchte, sich Luft zu machen, bekam sie selbst von ihrem Mann zu hören, daß das Jammern hier streng verboten sei. Neuseeland, das war ein Land für Pioniere; hier baute man etwas auf. »Don't complain!«

Es zerriß sie fast, daß sie Richard so liebte und immer bei ihm sein wollte – und gleichzeitig mußte sie ganz dringend raus aus diesem Land, in dem es für sie nichts zu tun und erst recht nichts zu gewinnen gab. Und dann hat sie sich irgendwann ein Flugticket gekauft, ist nach Deutschland geflogen, um nach der Tochter zu sehen und nach den Freunden und für ein paar Wochen Neuseeland zu vergessen, und als sie hörte, daß ihre alte Firma ganz dringend jemanden brauchte, nahm sie den Job an und suchte sich in München eine Wohnung.

Sie ist noch ein paarmal nach Neuseeland gefahren, sie war ja nicht vor ihrem Mann geflohen, aber so eine Ehe um die halbe Welt, die funktionierte natürlich nicht, und als Sophia meinte, sie sollten es doch beide ganz woanders probieren, in China, wo man Architekten und Modedesigner braucht, in Hongkong, irgendwo in Ostasien, sagte Richard bloß, daß er lange genug fortgewesen sei, und jetzt wolle er in Neuseeland bleiben, und dann, bald, hatte er auch eine andere Frau.

Sophia, als wir uns in München trafen, im Garten der riesigen Altbauwohnung, die sie sich mit ein paar anderen Erwachsenen teilt, Sophia sagte, und lächelte dabei, daß sie auf einen Mann ganz gut verzichten könne. Sie habe, als sie zum letztenmal zurückkam aus Neuseeland und wußte, daß sie ihren Mann verloren hatte, gewisse Symptome von Panik gespürt, die Angst, daß sie jetzt alleine bleiben würde, die Entschlossenheit, womöglich der nächstbesten Kollegin den Mann auszuspannen, wenn der nur ein guter wäre.

Sie hat sich schnell wieder abgeregt. Sie kenne eigentlich nur noch Singles, erzählt sie, schöne Frauen, attraktive, selbstbewußte Frauen von Anfang Dreißig bis Mitte Vierzig – und längst hätten sie sich darauf geeinigt, daß es kein Unglück sei, keinen Mann zu haben, angesichts der Männer jedenfalls, die so zur Verfügung stehen. Sie alle seien, je älter sie wurden, um so anspruchsvoller geworden, immun gegen die schlichten Anmachtechniken und zu glücklich mit sich allein, als daß sie ihre Ansprüche ans Aussehen eines Mannes herunterschrauben wollten, und wenn es mit einem nicht so laufe, wie sie es sich vorstellen, dann sei so ein Flirt ganz schnell wieder zu Ende.

Manchmal, sagt Sophia, wenn sie nach der Arbeit noch schnell einkaufen gehe und dann ihre Tasche voll mit winzigen Singleportionen habe, manchmal werde sie dann schon ein bißchen traurig. Aber meistens lege sich das noch im selben Supermarkt; sie braucht nur ein Paar zu sehen, das sich streitet, oder, fast noch schlimmer, zwei, die einander nur noch das Nötigste zu sagen haben. Selbst wenn demnächst einer käme, einer, mit dem sie nicht bloß mal essen ginge oder zwei-, dreimal ins Bett, selbst dann, sagt sie, würde sie nicht mit ihm leben wollen, nicht jetzt jedenfalls, nicht die nächsten paar Jahre. Sie hat sich vor ein paar Wochen ein Auto gekauft, ihr erstes eigenes, und sie fühlte sich dabei so jung und euphorisch, als hätte sie eben erst Abitur gemacht und das Auto von ihren Eltern geschenkt bekommen. Werktags fährt sie damit zur Arbeit, von Schwabing in die Münchner Peripherie, und sonntags fährt sie am liebsten in die Berge, und weil sie, sagt sie, das genau jetzt genau so haben will, würde ein Mann mit seinen Ansprüchen nur stören. Sie hat eine Lebensversicherung abgeschlossen, sie hat jetzt, mit Anfang Vierzig, zum erstenmal ein bürgerliches, ein erwachsenes Leben, und durch dieses Leben bewegt sie sich so zukunftsfroh, wie man sich durch eine neue, eben erst bezogene Wohnung bewegt. Männer sind hier bis auf weiteres nur als Besucher geduldet. Einziehen darf keiner.

Neulich, nach der Arbeit, haben sie noch ein paar Flaschen aufgemacht; eine Kollegin feierte ihren 34. Geburtstag, und beim Anstoßen hat sie Sophia gefragt, wie alt sie eigentlich sei, man könne das so schwer schätzen. »Ich bin 43«, hat Sophia gesagt, und als die Kollegin stotterte und sagte, das glaube sie nicht, Sophia sehe doch viel jünger aus, da hat

Sophia noch gesagt: »Ich bin dein role model.« Was die Kollegin sofort verstand.

Was ihr eigenes Rollenmodell angeht: Da hat Sophia inzwischen die Hoffnung aufgegeben, daß es ihr noch begegnen könnte. Wenn sie sich die Frauen anschaut, die zehn Jahre älter sind als sie, dann fallen ihr eigentlich nur jene ein, die sie »Husch-husch-Frauen« nennt; das sind asexuelle Wesen, die gar nicht da sind, die, die eigentlich nur an ihrem eigenen Verschwinden arbeiten, an ihrem Verschwinden als Frauen jedenfalls, weil sie nicht gesehen und wahrgenommen werden wollen und schon gar nicht irgendwelche Ansprüche ans Leben haben. Und sie sieht die anderen, die sie »die Trullas« nennt, Frauen, die oft dick sind, rote Haare und noch rötere Lippen haben und die sich so krampfhaft jünger machen und geben und benehmen, als sie es sind, daß es Sophia ganz schlecht wird bei dem Gedanken, sie könnte in zehn, fünfzehn Jahren auch so werden. Und dann gibt es noch Ruth, die die Gründerin und gewissermaßen die Mutter von Sophias Wohngemeinschaft ist, 58 Jahre alt, Veteranin der 68er Revolte und trotzdem jung genug geblieben, um Sophia manchmal auf Parties zu begleiten, wo Ruth dann sehr ausdauernd tanzt und offensichtlich ihren Spaß hat und sich auch nicht darum zu scheren scheint, daß sie auf der Tanzfläche umgeben ist von Mädchen, die vierzig Jahre jünger sind als sie.

Auch wie Ruth will Sophia nicht werden, obwohl sie Ruth für ihre Offenheit und Lebensfreude bewundert. Aber sie will nicht so veteranenhaft sein, nicht so betont junggeblieben, nicht so alt, wie es heute die 58jährigen mit 58 sind. Wenn sie da hinaufschaut, sagt Sophia, auf die Jahrgänge über ihr, dann sehe sie eine Wüste, eine riesige Wüste, nicht weil es dort so heiß wäre, sondern weil es dort so dürr und trocken ist, zu wenig Sex, zu wenig Stolz, schlechte Mode, viel zu wenig von allem, was Sophia für ein gutes Leben hält.

Das sei jetzt die Aufgabe, sagt Sophia, für sie selber, eigentlich für alle Frauen, die so alt sind wie sie. Die Wüste muß kultiviert werden. Das Terrain muß erobert und dann bewohnbar gemacht werden. Es braucht viel Pioniergeist für so ein Projekt. Viel mehr, als wenn man bloß Schafe züchtete in Neuseeland.

Die längste Jugend aller Zeiten

I.

Es war ein schöner Mittag in den Siebzigern, im frühen Sommer, noch nicht richtig heiß, und Claus sagte, komm mit, im Park hängen John und Gary herum, coole Jungs, GIs, meine amerikanischen Freunde. Der Mathelehrer war krank, Schulschluß deshalb schon um halb zwölf, und mit dem Fahrrad waren es nur fünf Minuten. John und Gary hatten sehr kurze Haare, sie waren viel älter als wir, mindestens neunzehn, und John sagte: »Hi, special delivery for my friend Claus.« Er holte aus einer braunen Papiertüte ein Stange Pall Mall ohne Filter, aus dem PX-Laden, wo nur die Amerikaner einkaufen durften, und wir setzten uns ins Gras, und Gary klebte drei Zigarettenpapierchen in Dreiecksform aneinander, nahm eine Pall Mall und bröselte den Tabak in das Dreieck. »This is the best dope you ever smoked«, sagte er, zeigte uns einen grün-bräunlichen Brocken, so groß wie ein halber Radiergummi, erhitzte das Ding mit seinem Feuerzeug und streute kleine Bröckchen in den Tabak.

Ob ich schon mal einen Joint geraucht hätte, fragte Gary. Ich sagte klar, cool (das Wort gab es damals schon), und jeder nahm einen tiefen Zug. Ich war als letzter dran, ich zog ganz besonders fest, und ich sagte, Mann, das haut rein, irre, und in Wirklichkeit merkte ich gar nichts. Ich langweilte mich ein bißchen, weil John und Gary bloß noch grinsten und kicherten und höchstens mal mit einem »Wow« oder »Oh, shit« die Wirkung kommentierten. Claus war auch ganz schweigsam geworden.

Später sagte ich, ich müsse nach Hause, zum Mittagessen, ich stieg auf mein Fahrrad und dann gleich wieder ab, weil mir schwindlig war und zum Kotzen. Claus sagte, du darfst so nicht fahren, du bist ja ganz grün im Gesicht, ich wollte aber weg, weil John und Gary nicht sehen sollten, wie übel es mir ging.

Ich fuhr, bis die beiden außer Sichtweite waren, und Claus fuhr hinterher, dann stieg ich ab und kotzte in einen Busch, und dann schoben wir beide die Fahrräder bis zum Haus meiner Eltern, und Claus erzählte meiner Mutter, mir sei schlecht geworden in der Schule, ich hätte sicher was Falsches gegessen in der großen Pause.

Ich legte mich ins Bett und schlief bis in den Abend hinein, und als meine Mutter mir einen Kamillentee brachte, war mir das schrecklich peinlich, und ich überlegte kurz, ob ich beichten und bereuen und wieder ein gutes Kind sein sollte. Ich verwarf die Idee als unmännlich und indiskutabel, ich war jetzt ein Rauschgiftsüchtiger und ein Krimineller, und abends saß ich in meinem Dachzimmer und hörte mir im Radio die Rocksendung auf »Stimme der DDR« an, und während der Sender alle westlichen Copyrightbestimmungen ignorierte und die ganze Steely-Dan-Platte »Countdown To Ecstasy« am Stück abspielte und mein Kassettenrekorder das alles aufnahm in schlechter Qualität, dachte ich darüber nach, daß ich mein Leben ändern mußte. Als erstes mußte alles aus meinem Bücherschrank verschwinden, was nur entfernt so aussah wie ein Jugendbuch. Dann mußte ich jemanden finden, dem ich meine Mondraketen schenken konnte, zwölf davon standen über dem Bett, aus Pappe, Papier und Klebstoff und mit Wasserfarben bemalt; bis gestern hatte ich noch Astronaut werden wollen. Und dann mußte ich anfangen, auf einen Plattenspieler zu sparen.

Ich ging ins Bad, guckte eine Viertelstunde in den Spiegel und überprüfte mein Gesicht auf erste Spuren von Verkommenheit. Ich machte Grimassen und schaute, welche davon männlich wirkte. Ich hatte verbotene Dinge getan, und das sollte man mir auch ansehen – mindestens bis zum Mittelstufenball in der nächsten Woche, wo ich, da war ich mir jetzt sicher, mit der hübschen, kurzhaarigen und extrem selbstbewußten Anke endlich knutschen wollte.

Immerhin war ich vierzehn.

II.

Das große Bierlokal in der Münchner Innenstadt war fast leer an diesem Nachmittag, an riesigen Tischen saßen Männer allein mit ihren Gläsern, durch die Gardinen kam kaltes Februarlicht in den Saal, und nach dem zweiten Bier waren Michael und ich ein bißchen schweigsam geworden. Wir hörten die Kellnerin mit den leeren Krügen klappern, wir hörten vom anderen Ende des Raums die Ansagen einer Schafkopfrunde, und dann sagte Michael zum siebten oder achten Mal, daß das heute ein rechter Dreckstag sei. Der Winter dauerte, dieser Nachmittag schien sich ins Unendliche zu dehnen, aber daß wir beide in einer fürchterlichen Stimmung waren, hatte einen ganz anderen Grund. Wir waren jetzt Magister, wir hatten in einer schlichten, fast ein bißchen zu lieblosen Zeremonie unsere Zeugnisse bekommen – und alles, was mit diesem Ereignis zusammenhing, war uns so unangenehm, daß wir jetzt erstmal ein drittes Bier bestellten. Wir wollten nicht betrunken werden, wir hatten nur keine Lust, nach Hause zu gehen in unsere studentischen Kleinstwohnungen, mit denen wir genauso fertig wie mit dem Studium waren. Aufs Alleinsein hatten wir erst recht keine Lust. Wir fühlten uns zu zweit schon mies genug.

Wir waren fünfundzwanzig, das war es, was uns plagte. Wir fanden uns alt, wir litten an einer Krankheit, die wir das Georg-Büchner-Syndrom nannten. Georg Büchner, der unser Held war und aus dessen Revolutionstragödie »Dantons Tod« wir seitenweise zitieren konnten, am liebsten natürlich Danton selbst, aber gern auch St. Justs Monolog über die Guillotine, Georg Büchner war mit dreiundzwanzig gestorben, und Büchner, fanden wir, war der Maßstab, nach dem man sein Leben gefälligst ausrichten sollte.

An meinem vierundzwanzigsten Geburtstag hatte ich ein kleines Faß Augustiner-Bier und ein paar Kisten Rotwein gekauft und die Stereoanlage in den Hinterhof gestellt. Ich trug eine schwarze Hose und ein schwarzes Hemd, ich hatte The Cure aufgelegt, die klangen angemessen depressiv, und als die ersten Gäste kamen, sagte ich, es sei ja wohl klar, daß es für mich nichts zu feiern gebe. Warum, fragte einer, und ich sagte: »Soll ich vielleicht feiern, daß ich endlich so alt bin, wie es Büchner niemals wurde? Soll ich feiern, daß von mir, wenn ich jetzt sterben würde, nichts bliebe als ein paar Seminararbeiten? Wir können ein bißchen zusammensitzen, das ist es.« Die schöne Britta mit den schmalen dunklen Augen fing an, mit mir zu flirten, und ich guckte sie an und sagte zu ihr: »Wir wissen wenig voneinander. Wir sind Dickhäuter, wir strecken die Hände nacheinander aus, aber es ist vergebliche Mühe, wir reiben nur das grobe Leder aneinander ab – wir sind sehr einsam.« Britta wußte nicht, daß das Danton war, der da sprach, und es interessierte sie auch nicht; sie fand mich uncharmant, und als ich merkte, daß ich den Gästen die Laune verdarb, legte ich ABC auf, »Shoot that poison arrow to my heahahaheart!«, und es wurde doch noch eine Party.

Michael und ich hatten damals damit angefangen, Biographien wie Fahrpläne fürs richtige Leben zu lesen. Fassbinder hatte mit dreiundzwanzig seinen ersten Film gedreht. Orson Welles war dreiundzwanzig, als sein Bild zum erstenmal auf dem Titel von »Time« erschien. F. Scott Fitzgerald hatte »Die Schönen und Verdammten« mit fünfundzwanzig geschrieben. Auf unserem Fahrplan waren das die Züge, die wir verpaßt hatten, und jeden Tag, den wir an die Magisterarbeit verschwendeten, fuhr wieder ein Zug ohne uns ab.

Wir verehrten Fassbinder, wir beteten zu Fitzgerald, aber Büchner war die wahre Herausforderung. Die anderen waren immerhin noch ein bißchen älter geworden. Aber Büchner, der mit dreiundzwanzig am Typhus gestorben war, Büchner warf die Frage auf, was das denn für ein Tod wäre, wenn uns etwas passieren sollte. Wir dachten an den Tod noch öfter als an Georg Büchner. Es war ein äußerst ehrgeiziger Gedanke.

Auf der Magisterfeier waren wir die Jüngsten gewesen und hatten, mehr noch als uns selber, die Kommilitonen gehaßt, diese Langweiler, die erst achtundzwanzig werden mußten, um ein Studium abzuschließen.

»Was wirst du jetzt tun?« fragte Michael seinen Sitznachbarn.

»Mal sehen. Ich hab mich um ein Promotionsstipendium beworben.«

»Mann, du bist doch mindestens siebenundzwanzig. Willst du nicht mal raus aus der Uni? Bißchen frische Luft atmen. Mal nachgucken, ob es da draußen menschliches Leben gibt?«

»Ach hör doch auf mit dem Leben«, sagte der Kommilitone, »was weißt du denn schon vom Leben. Ist das ein Leben, wenn ich morgens um sieben aufstehen muß, bloß um mich dann den ganzen Tag herumschubsen zu lassen? So ist das nämlich: Gute Jobs gibt es eh nicht für uns.«

»Du glaubst also, daß du einen besseren Job findest, wenn du mit der Suche danach wartest, bis du dreißig bist? Oder fünfunddreißig? Warum studierst du nicht so lange, daß du danach direkt in Rente gehen kannst?«

»Leck mich«, sagte der Student. »Was geht's dich an, wenn ich mich promovieren will.«

Michael und ich nahmen ohne große Rührung unsere Zeugnisse in Empfang, und draußen auf der Straße schwiegen wir. Michael ging einfach los, in Richtung Innenstadt, und ich ging mit, und erst, als wir fast schon bei unserem liebsten Bierlokal angekommen waren, sagte ich: »Furchtbar, es war so furchtbar. Lieber stehe ich jeden Morgen um fünf Uhr auf. Bloß nicht das Elend noch mal um zwei Jahre verlängern.«

Wir verließen das Lokal nach dem dritten Bier. Draußen dämmerte es, und zu Hause legte ich mich ins Bett und machte einen Spätnachmittagsschlaf. Ich mußte ja nicht am nächsten Tag mit dem Frühaufstehen anfangen. Ich bekam mein Geld noch bis Mai.

III.

An Helmut Schmidt kann ich mich noch ganz gut erinnern. Meine Mutter fand, daß er schneidig aussah mit seinem strengen Seitenscheitel, und ich fing schon als Teenager damit an, ihn nicht zu mögen. Er war so arrogant, wie es meine

Lehrer gern gewesen wären – und später, als ich dann wählen durfte, lehnte ich seine Politik kategorisch ab und wählte ihn trotzdem und sah darin keinen großen Widerspruch. An dem Tag, als er abgewählt wurde, ging ich nicht ins Seminar. Ich blieb, weil ja klar war, was uns erwartete, zu Hause und guckte den ganzen Tag fern, ich war erschüttert und tat abends, was ich seit Wochen unterlassen hatte, ich rief meine Mutter an, die ungeheuer traurig war, obwohl sie, als Katholikin, doch eigentlich mit den sogenannten christlichen Parteien sympathisierte.

Es brauchte zwei, drei Monate mit Helmut Kohl, bis ich verstand, was genau mir fehlte und was mit Schmidt verlorengegangen war. Helmut Schmidt und ich, wir hatten uns die Arbeit perfekt aufgeteilt. Ich war zwanzig und gegen seine Politik, ich konnte es mir leisten, den Nachrüstungsbeschluß der Nato für falsch und die Wirtschaftspolitik der entwickelten Länder für die Ausbeutung der Dritten Welt zu halten. Schmidt war sechzig und Bundeskanzler, und naturgemäß hatte er ganz andere Ansichten. Immerhin waren Schmidt und ich uns in einer Sache einig: Was er tat, das konnte er, was er konnte, tat er – so ergänzten wir uns ganz wunderbar. Ich hatte menschenfreundliche Haltungen, aber nichts zu melden. Er hatte die Macht und die Verantwortung und konnte sich meine Meinungen nicht leisten. Irgendwann würde ich so werden wie er – und weil das noch sehr lange dauern würde, fühlte ich mich bis dahin im Widerspruch zu Helmut Schmidt gut aufgehoben.

Daß es nichts werden würde mit Helmut Kohl und mir, das ahnte ich schon, als er im Bundestag stand und vereidigt wurde und Gott um Hilfe bat, und ich dachte, daß Gott, wenn es ihn gab, vermutlich Wichtigeres zu tun hatte, als dem deutschen Bundeskanzler von diesem Cutaway ab-

zuraten, diesem anachronistischen Anzug, in dem Helmut
Kohl so aussah wie ein Abiturient, dem seine Mutter zum
erstenmal eine Krawatte umgebunden hat. Kindisch sah er
aus und ein bißchen dumm und völlig überfordert von der
Rolle, die er da spielte. Er war dreiundfünfzig, als er sein Amt
antrat, er war dreißig Jahre älter als ich, und trotzdem bekamen wir die Arbeitsteilung nicht mehr hin.

Es war keine Frage der Politik. Es war eine Frage des Stils
und des Auftretens; wenn ich sah, wie Kohl die Zunge vor-
streckte aus Unsicherheit, wenn ich sah, wie er böse wurde,
bloß weil man ihm eine unangenehme Frage stellte, und wenn
ich ihm zuhörte, wie da ein kindischer Trotz in seiner Stimme
lag und er jeden Satz, aus lauter Angst, nicht verstanden zu
werden, vollstopfte mit Pleonasmen – dann fragte ich mich jedesmal, wer von uns beiden der Erwachsene sei.

Es waren die Jahre, in denen ich dringend erwachsen werden sollte, ich war in dem Alter, in welchem mir das Jungsein
eigentlich zum Hals heraushing, und dann kam Helmut Kohl
und raubte mir jeden Respekt vor dem Erwachsensein. Kohl
war der Kanzler, der Mann, von dem ein Volk regiert werden wollte; er hatte die Richtlinienkompetenz, die Deutungs-
hoheit, wer, wenn nicht er, definierte, was erwachsen war.
Und so, wie Helmut Schmidt, den ich nicht mochte, mir das
Grundvertrauen gegeben hatte, daß er und seinesgleichen
schon wußten, was sie taten, so sorgte Helmut Kohl für ein
Mißtrauen, das so grundsätzlich war, daß es nicht nur mein
Verhältnis zur ihm unterminierte und zu seiner Regierung
und zu diesem Bundestag, in dem zu allem Unglück jetzt auch
noch die Grünen mit ihren Blumen und ihren selbstgestrick-
ten politischen Haltungen saßen. Es unterminierte auch meine
eigenen Ambitionen. Wenn das, was Kohl repräsentierte, das
Erwachsensein war, dann gab es keine Notwendigkeit, er-

wachsen zu werden. Für die Infantilisierung der deutschen Gesellschaft hat kaum einer so viel geleistet wie Helmut Kohl.

IV.

Als ich mit dreizehn in die Pubertät kam, rechnete ich fest damit, daß ich mit achtzehn erwachsen werden würde, und als ich neunzehn war, ging ich mit einer Freundin ins Kino, die schwärmte von Marcello Mastroiannis grauen Schläfen, weshalb ich dringend hoffte, spätestens mit dreißig, fünfunddreißig wäre es auch bei mir soweit. Als ich fünfundzwanzig war, hing mir meine Jugend zum Hals heraus, und mit einunddreißig bekam ich von meinem Chef zu hören, daß ich furchtbar ehrgeizig für mein Alter sei; wenn er sich selber anschaue, könne er nur sagen, es bleibe mir noch genügend Zeit. Als ich achtunddreißig war, heuerte ich einen Mitarbeiter an, der war dreiundzwanzig, sehr begabt und sehr sympathisch; nach einem Monat duzten wir uns – und das war auch der Moment, als ich ziemlich heftig über mich erschrak: Warum trat mir einer, der fünfzehn Jahre jünger war, als potentieller Freund entgegen und einer, der fünfzehn Jahre älter war, als potentiell alter Sack?

Der Prozeß des Älter-und-doch-nicht-erwachsen-Werdens läßt sich, so erscheint es auf den ersten Blick, am besten als eine Tautologie beschreiben. Die Jugend dehnt sich, weil sie sich dehnt. Wer lange genug jung war, wird ewig jung bleiben – auch das fällt unter Albert Einsteins Gesetz: Wer mit dreißig, fünfunddreißig nicht erwachsen ist, wird es vermutlich nie mehr werden. Auch das Erwachsensein muß man lernen, und wer es mit Ende dreißig nicht gelernt hat, der ist eindeutig zu alt dafür.

Es ist ja nicht so, daß sich einer, der beim Älterwerden jung geblieben ist, dem Erwachsensein verweigert hätte. Er war bereit, aus dem Meer des Möglichen ans Ufer zu kommen, sich abzutrocknen und an Land zu bleiben. Er hat einen Job angenommen und eine Lebensversicherung abgeschlossen, er hat womöglich geheiratet und Kinder gezeugt, und vielleicht hat er sogar ein Haus gebaut. Spätestens damit wäre früher der letzte Rest von Jugend aus seinem Leben verschwunden.

Denn die Jugend, das waren ja nicht bloß die Schönheit und die Unschuld, von denen Oscar Wilde so schwärmte. Die Jugend, das war im Grunde nur ein Moment, der sich dehnte: der Moment der Freiheit und der Unbeschwertheit, in welchem sich das Glück der Kindheit und die Privilegien des Erwachsenseins berührten, der Moment, da ein Mensch schon ausgewachsen und geschlechtsreif war, im Vollbesitz aller körperlichen und geistigen Kräfte – und doch das Recht des Kindes auf Neugier und Naivität, auf Spontaneität und Verantwortungslosigkeit beanspruchen durfte. Und Erwachsenwerden bedeutete, daß die Neugier geringer wurde und die Naivität verschwand, weil jetzt Wissen und Erfahrung das Handeln bestimmten und Verantwortung und Pflichten die Spontaneität gewaltig bremsten.

Seltsam, denkt sich der Mensch mit Frau und Kind und Lebensversicherung, seltsam, daß ich mich trotz aller Pflichten und Verantwortung noch immer nicht erwachsen fühle. Seltsam, daß ich mich auf das bißchen Wissen und Erfahrung, das sich in dreißig, vierzig, fünfundvierzig Jahren angesammelt hat, so wenig verlassen kann. Seltsam, daß meine Neugier so gar nicht versiegt.

Manchmal sieht es so aus, als wäre das Ufer verschwunden und das Land untergegangen. Das Meer des Möglichen hat sich ausgebreitet, und nur vereinzelt ragen noch Inseln aus den Wassern. Dorthin haben sich jene gerettet, die Angst davor haben, sich naß zu machen. Jene, die sich nicht mehr erinnern können, wie es war, in diesem Meer zu schwimmen. Jene, die nie das Schwimmen lernten.

Die meisten kraulen aber, lassen sich treiben oder stemmen sich gegen die Strömung, und manche kämpfen gegen das Ertrinken.

V.

Wer sich vor zwanzig Jahren um eine Führungsposition bewarb, mußte den Unterschied zwischen Bits und Bytes nicht kennen, und wenn er schon mal einen Computer ohne Komplikationen zum Laufen gebracht hatte, verschwieg er das lieber im Bewerbungsschreiben, denn die sogenannten EDV-Kenntnisse waren eher etwas für Sekretärinnen. Und wer vor zehn Jahren einen neuen Job antrat, hatte womöglich schon mal gehört vom sagenhaften Internet; man kam, wenn man ein Modem besaß, nach drei, vier Versuchen sogar manchmal hinein – aber wenn einer nicht ein Nerd oder ein Computerspezialist war, wußte er eigentlich nicht, was er dort zu suchen hatte.

Im Herbst 1983 studierte ich, und in den Semesterferien arbeitete ich meistens beim Film, und im Oktober boten sie mir den schönsten Studentenjob meines Lebens an. Im Sommer war in den Münchner Bavaria-Studios ein ungeheuer teurer und aufwendiger Film entstanden, die ambitionierte Adaption eines deutschen Fantasy-Romans, und nach Ansicht des belichteten Materials hatten die Produzenten beschlossen, daß noch zwei Szenen nachgedreht werden mußten. In der einen ging es darum, daß ein Fabeltier durch die Lüfte schweben sollte, in der anderen mußte eine ganze Stadt vom Erdboden verschwinden. Es waren drei, vier Tage voller Bastelarbeit. Für die Schwebeszene brauchten wir einen sogenannten Rundhorizont, den man sich vorstellen muß wie ein Karussell, auf das eine Leinwand gespannt war, und auf diese Leinwand war eine Landschaft gemalt. Ich mußte hineinsteigen und das Karussell gegen den Uhrzeigersinn drehen; davor stand ein Kollege, der hatte den Kopf des Fabeltiers auf eine Art Besenstiel gesteckt und bewegte den ein bißchen vor der Kamera – das war unser erster Spezialeffekt. Für den zweiten brauchten wir Campingheringe und hölzerne Bauklötze; wir schoben die Heringe von unten durch eine Sperrholzplatte und steckten oben die Bauklötze darauf, so entstand eine hübsche Spielzeugstadt. Und als die fertig war, wurden Holzplatte und Kamera um 90 Grad gedreht, wir standen dahinter und zogen die Heringe heraus, und die Bauklötze fielen zu Boden, und im Film, dem größten deutschen Erfolg jener Saison, sah das tatsächlich so aus, als ob ein gewaltiger Sog die Stadt verschlänge.

Heute gestalten selbst Filmstudenten solche Tricks mit dem Computer, die Zeit der Bauklötze ist seit gefühlten hundert Jahren vergangen, und der kleiderschrankgroße Kasten, vor dem damals die Mitarbeiterin mit den sogenannten EDV-Kenntnissen saß, war wesentlich dümmer und langsamer als der Laptop, auf welchem dieses Buch geschrieben wurde. Und der Umstand, daß die Speicherchips alle achtzehn Monate ihre Leistung verdoppeln, ist nur der genaueste Tachometer für das Tempo, mit dem sich unser Leben verändert hat. Man muß nicht dauernd in den Monitor glotzen, um diese Geschwindigkeit zu spüren – egal, ob jemand Arzt ist oder Rechtsanwältin, Architektin, Politiker oder Besitzer eines Bestattungsinstituts: Mit den Rezepten von vor zehn Jahren ist heute nichts mehr zu gewinnen. Und die Methoden, nach welchen man vor zwanzig Jahren das Leben und die Arbeit organisierte, sind uns längst schon historisch geworden und taugen allenfalls als Beispiele dafür, wie es nicht mehr geht.

Das war ganz anders, damals, als der 50jährige Miltiades die Perser schlug und die Griechen genauso kämpften, wie sie das immer getan hatten; nur ein bißchen tapferer und verzweifelter vielleicht. Das war anders, als Goethe nach Italien reiste und dabei nicht wesentlich zügiger vorankam als seine gotischen und wandalischen Vettern knapp 1500 Jahre zuvor. »Jahrtausende trennen die Erfindung des Feuers von der Entdeckung des Ackerbaus. Zwischen der Erfindung der Schrift und der Druckpresse entstanden, erblühten und zerfielen ganze Weltreiche. Nur ein paar Jahrhunderte liegen dagegen zwischen der Druckpresse und der Dampfmaschine«, schreibt der Stanforder Romanist Robert Pogue Harrison in seinem Essay »Wie alt sind wir?«, in welchem er nach dem Kurswert von Weisheit und Erfahrung fragt – in einer Welt, die sich dem Wandel so hemmungslos hingegeben hat, daß eine nützliche Erfindung wie der Videorekorder in dem Moment, da endlich alle gelernt haben, ihn zu programmieren, wieder aussortiert wird, weil es jetzt DVD-Spieler gibt.

Die Erfahrung, das wichtigste Merkmal des Erwachsenseins, ist tief im Kurs gesunken. Das Wissen nicht, aber seine Halbwertszeiten sind rapide geschrumpft. Während all die jugendlichen Eigenschaften, die Neugier und die Naivität, die Flexibilität und die Lernfähigkeit so hoch notiert sind wie niemals zuvor. »Nur extreme Jugendlichkeit kann Anpassung an diese immer dramatischeren Transformationen gewährleisten. Oder besser, nur extreme Jugendlichkeit hat den Hauch einer Chance, sich daran anzupassen«, schreibt Harrison. Wer erwachsen wird, ist verloren. Nur wer seine Entwicklung noch nicht abgeschlossen hat, wer noch formbar geblieben ist und bereit, alle seine Erfahrungen und Gewißheiten in Frage zu stellen, kann die kommenden Herausforderungen – also zum Beispiel die Globalisierung, die nächste technische Revolution oder die Lektüre der Gebrauchsanleitung seines DVD-Rekorders – einigermaßen erfolgreich bestehen.

Die Konsequenzen sind gleichermaßen großartig wie banal. Denn das, was wir, wenn wir morgens in der U-Bahn sitzen oder abends noch ein Bier aufmachen, zu Recht als unser absolut unspektakuläres Leben empfinden, das ist zugleich etwas, für das es in der ganzen Weltgeschichte (oder zumindest seit der Antike) keine Präzedenzfälle gibt. Es ist ja, einerseits, keine besondere Leistung, man braucht weder Mut noch Originalität dafür, fünfunddreißig oder fünfundvierzig zu sein und auch heute morgen wieder nicht erwachsen zu werden. Und andererseits bewegt sich jeder, der jünger als fünfzig ist, auf absolut unbekanntem Terrain. Er ist ein Pionier der Lebensläufe, er tastet sich langsam und vielleicht ein bißchen unsicher vorwärts, er arbeitet, ob er das will oder nicht, an einem neuen Biographie-Modell, an einer neuen Definition dessen, was es in Zukunft heißen wird, dreißig, vierzig oder fünfzig zu sein. Und dabei ist nur eines ganz sicher: Wir sind zur Jugend geradezu verdammt.

VI.

Diese Einsicht hat zu einem der schlimmsten Mißverständnisse unserer Gegenwart geführt. Wenn das Wort vom Jugendwahn in der Wirklichkeit eine Entsprechung hat, dann ist es die Krankheit in den Köpfen jener Personalchefs, die dafür gesorgt haben, daß ganze Unternehmen, Schallplattenfirmen zum Beispiel, Pressebüros, Werbeagenturen und Software-Händler von allen über 40jährigen gesäubert wurden und aufstrebenden Grünschnäbeln um die 28 in die Hände gefallen sind, jenen Producern, Marketing-Assistentinnen und Web-Designern, die einfach zu früh einen guten Job bekamen, als daß sie Zeit dafür gehabt hätten zu lernen, wie man das italienische Nudelgericht beim Bestellen halbwegs richtig ausspricht, wen man duzt, warum man Platz macht in der Straßenbahn oder was überhaupt die Dinge sind, die man vielleicht gelernt haben sollte, bevor man sich ins öffentliche Leben stürzt. Einer, der bitte und danke sagt oder am Telephon erst einmal fragt, ob er störe, gilt diesen Menschen zwangsläufig als alter Sack, dem es vor allem an Entschlossenheit mangelt.

Und gleichzeitig mit dem Erscheinen dieser Spezies ist eine andere verschwunden und wird seither sehr lebhaft vermißt – wo bitte, fragt sich das besorgte Publikum, sind denn die Großen Alten Männer und Frauen geblieben, das sogenannte Urgestein, jene Persönlichkeiten, die vor langer Zeit einmal Strauß und Wehner, Churchill und Adenauer, Ernst Jünger und Robert Jungk geheißen haben. Die Metapher vom Gestein kam daher, daß solche Leute sich nicht mehr zu bewegen brauchten, weil sie glaubten, die Welt bewege sich um sie herum, das Präfix »Ur-« wies darauf hin, wie lange sie schon in dieser Stellung verharrten und wie alt die Fundamente waren, auf denen sie da standen und Meinungen wie »pacta sunt servanda« oder »China, China, China« verkündeten. Gern erinnert man sich daran, daß man diese Typen hassen oder lieben mußte, weil sie niemanden gleichgültig ließen in ihrer Halsstarrigkeit und Unbelehrbarkeit, und das wirft dann gleich die Frage auf: Warum wachsen solche Menschen nicht mehr nach? Die Antwort liefe auf die Gegenfrage hinaus, ob irgendwer heute zur Wirtschaftskrise, der Bioethik oder der Dummheit des Fernsehprogramms eine Meinung hören möchte, die sich vor mindestens vierzig Jahren gebildet und seither nicht mehr verändert hat. Das Dumme an den Sätzen, welche Helmut Schmidt zum Beispiel (einer der letzten Überlebenden dieser Spezies) so von sich gibt, ist ja nicht, daß alles falsch wäre, was er sagt. Das Dumme ist, daß so ein Großer Alter Mann eher selten das Neuartige an einem Problem erkennen kann. Die Antworten sind meistens richtig, es hat nur niemand die entsprechende Frage gestellt. Oje, denkt sich da jeder, der jünger ist, oje, diese Weisheit paart sich gern mit der Lächerlichkeit, und wenn ich selbst mal über siebzig bin, möchte ich lieber kein Großer Alter Mann werden. Ein Großer Junggebliebener Mann zu sein, ist eindeutig die reizvollere Alternative.

In seinem Essay »Wie alt sind wir?« macht Robert Pogue Harrison eine kategorische Unterscheidung zwischen der Weisheit und dem Geist. Den Geist ordnet er der Jugend zu, und er meint damit jene Intelligenz, die unruhig und dynamisch, neugierig und ungeduldig, kreativ und immer auch ein bißchen verantwortungslos ist. Es war dieser Geist, der das Rad und den Buchdruck erfunden hat, der das Feuer zähmte und die Schallmauer überwand. Nur der Geist, sagt Harrison, hat das Bedürfnis und die Kraft, die Welt zu verändern.

Die Weisheit, sagt Harrison, ist jene Intelligenz, die eher bei den Alten ist – und er meint das Bewußtsein von Tod und Endlichkeit, die Kenntnis der Tradition und der Konvention, die Ehrfurcht vor dem Vergangenen, das Gespür für Maß und Wichtigkeit und nicht zuletzt das Wissen, wie man die Kinder erziehen und warum man der Jugend jene Freiheit geben muß, die sie braucht, um schöpferischen Geist zu entwickeln.

Harrison sieht und begrüßt durchaus die Juvenilisierung der Gegenwart – und er besteht doch darauf, daß am Ende einer ausgedehnten Jugend der Schritt ins Erwachsensein kommen müsse. Der Geist sei irgendwann aufgebraucht, das sei dann die Stunde der Weisheit. Denn nur eine gute Balance zwischen jugendlichem Geist und erwachsener Weisheit sichere der Gesellschaft die Zukunft. Wo der Geist dominiere, da herrschten Unreife und Geschichtslosigkeit und im schlimmsten Fall auch Willkür und Gewalt. Und da, wo das Gewicht der Weisheit zu groß sei, erstarre und verkruste die Gesellschaft und mache die Vergangenheit zum einzigen Maßstab der Zukunft. Die Weisheit brauche den Geist, weil sie sonst kapitulieren müßte vor allem, was neu ist und unerwartet geschieht. Und der Geist brauche die Weisheit, weil er zwar das Rad erfinden könne; aber erst die Weisheit bringe diese Erfindung dann in einen Sinnzusammenhang mit den Traditionen einer Gesellschaft: Die Weisheit erkennt, daß man mit Rädern nicht bloß Lasten, sondern auch Werte und Moral transportiert. Daß wir uns das Neue aneignen und es eingemeinden in unsere Tradition, ist das Werk der Weisheit. Sie macht »die Gegenwart aus der Perspektive der Vergangenheit verständlich«.

Wenn Robert Pogue Harrison sich umsieht in dieser Gegenwart, in welcher die Mittelalten immer jünger werden und die wirklich Alten vom Tempo und der Wucht der Veränderung überfordert sind, wenn er sieht, wie jede Anpassung an den Wandel diesen Wandel beschleunigt, und wenn er bemerkt, wie gering die Sehnsucht der Junggebliebenen ist, irgendwann doch noch erwachsen zu werden: Dann möchte er die Sache der Weisheit fast schon verloren geben. »Im Lichte dieser Möglichkeit einer unendlichen und gereizten Jugendlichkeit drängt sich hier tatsächlich ein Bild der Zukunft auf: zukünftige Generationen von erwachsenen Kindern mit gewaltigen, knolligen Köpfen, die alt und gebrechlich werden, ohne je ganz zu altern – teuflisch intelligent auf der einen, völlig infantil auf der anderen Ebene.«

Noch sind wir keine Monster geworden, und selbst unseren Kindern scheinen normal proportionierte Köpfe zu wachsen. Aber immer häufiger stellt sich die unangenehme Frage, wen, wenn die Großen Alten ausgestorben und abgelöst worden sind von den Ewigjungen, man dann noch um Rat wird fragen können? Wer wird genügend Distanz haben zur Gegenwart, wer die Gelassenheit dessen, der die Aufregungen der Jugend lange hinter sich hat? Wer wird die Ewigjungen zähmen und bremsen, wenn sie jedes Maß verlieren und von allem Neuen so besessen sind, daß sie den Wert des Alten verkennen? Wer wird, um ganz kurz kulturkritisch zu sprechen, die Horden von Computerspielern daran erinnern, daß sie am Bildschirm zwar sehr gut ihre Reaktionen schulen; daß es aber durchaus genauso wichtig ist, die Sprache zu lernen, und zwar nicht nur durch Lektüre der Gebrauchsanweisung, sondern beispielsweise indem man Georg Büchner liest.

Es wird uns wohl nichts anderes übrigbleiben, als die kategorischen Gegensätze zu versöhnen. Wir werden lernen müssen, weise zu werden – und dabei jung zu bleiben.

Alte Meister

I.

Es waren vermutlich die schlimmsten Tage in der Karriere des Lewis Milestone – und weil diese Karriere damals, im Januar 1959, ihrem Ende näher als dem Anfang war, konnte sich Milestone an viele schlimme Tage erinnern. Er war 63 Jahre alt und seit 1919 im Hollywood-Geschäft. Er hatte 1930 das brutale Weltkriegsdrama »Im Westen nichts Neues« inszeniert. Er hatte mit Nervensägen wie Errol Flynn, Barbara Stanwyck und Erich von Stroheim gearbeitet und war da einigermaßen heil wieder herausgekommen. Aber nichts und niemand hatte ihn so strapaziert wie die Männer, mit denen er es jetzt zu tun bekam, in Las Vegas, der Wüstenstadt, der Neonstadt, wo er mit ihnen einen Film inszenieren sollte.

Wenn Milestone mit der Arbeit beginnen wollte, was meistens zwischen sieben und acht Uhr morgens war, standen, wenn er Glück hatte, die Statisten bereit. Gegen neun Uhr kamen Joey Bishop und Peter Lawford, die Nebenrollen spielten. Noch ein bißchen später tauchten Dean Martin und Sammy Davis jr. auf. Und der Star des Films, der zugleich dessen Produzent war und somit, leider, auch der Boß des Regisseurs, dieser Star kam selten vor dem Nachmittag – und wenn es der frühe Nachmittag war, wußte Milestone, daß er einen Glückstag hatte.

Denn der Star des Films hieß Frank Sinatra, und falls der ausnahmsweise mal am frühen Morgen kam, hieß das: Er hatte überhaupt nicht geschlafen in der Nacht. Dann hatte er Ringe unter den Augen und ein grünes Stechen im Blick, seine Laune war miserabel, und es fehlte ihm die Konzentration, die er normalerweise aufbrachte, um jede Einstellung nur einmal zu drehen. Was dann seine Laune noch verschlechterte; kaum etwas haßte Sinatra mehr als Wiederholungen.

Kam Sinatra nach drei, war Milestone auch nicht glücklicher. Denn um fünf Uhr war schon wieder Schluß mit dem Drehen. Die Männer zogen ihre Abendanzüge an, aßen gut, tranken ein bißchen – und wenn sie in Schwung waren, stellten sie sich auf die Bühne des »Sands«, des Casinos, zu dessen Besitzern auch Sinatra gehörte; und dann taten sie, was sie nach dem Essen eigentlich immer taten. Sie erzählten einander ein paar Witze, sie tranken Whisky, und ab und zu stimmte einer einen Song an, und ein anderer sang mit, und ein dritter unterbrach sie wieder, weil ihm ein neuer Witz eingefallen war. So gingen sie ihren Vergnügungen nach, als wären sie ganz unter sich, und wenn das Publikum brüllte: »Weitersingen!«, dann grinste Dean Martin und sagte: »Wer den ganzen Song hören will, soll sich die Platte kaufen.«

Sie nannten sich »Rat Pack«, und damals, ums Jahr 1960 herum, hatten sie ihre beste Zeit: fünf Männer, musikalisch genug, um außer den Songs von Cole Porter und Rodgers & Hart auch das Klirren von Eiswürfeln, das Flüstern einer Frauenstimme und, nach langen, lauten Nächten, auch die Stille eines frühen Morgens zu lieben. Fünf Männer, die nach Las Vegas gekommen waren, nicht unbedingt, um einen guten Film zu drehen; aber unbedingt, um eine gute Zeit zu haben. Für die Filmcrew war, was sich hier abspielte, der

Außendreh für den Thriller »Ocean's Eleven«. Für manche Leute im Hotel war es die Zeit der Schrecken. Sinatra nannte es »The Rat Pack Summit« – ein Gipfeltreffen. Wo er war, war oben.

Und wo er war, sollten seine Freunde sein. Das hatte er, wie so vieles andere, von Humphrey Bogart gelernt, der eigentlich der Pate des Rat Packs war. Auch Bogart hatte einst eine Gruppe angeführt, die ihr Recht auf Spaß sehr ernst genommen hatte. David Niven hatte dazugehört, Tony Curtis, Judy Garland, Sinatra natürlich auch – und Lauren Bacall, Bogarts Frau, soll es gewesen sein, die nach einer langen Nacht den Trinkern zugerufen habe: »Ihr seht ja aus wie ein verdammtes Rudel Ratten!«

Aber Bogarts Rat Pack war für Sinatra bloß die Vorgeschichte, die eigentliche Geschichte hatte 1958 begonnen, in Madison, Indiana, wo Vincente Minnelli das Melodram »Some Came Running« drehte. Sinatra spielte, sehr ernst, die Hauptrolle, Dean Martin spielte, sehr unernst, den Mann, der in allen Szenen den Hut auf und die Zigarette im Mund behielt; er schenkte sich schon vormittags einen Whisky ein und ließ sich von nichts aus der Ruhe bringen. Dean Martin und Frank Sinatra mußten, weil es im Drehbuch stand, zusammen trinken, ein bißchen plaudern, die hübschen Mädchen ausführen, und wenn der Film-Sinatra mal traurig oder pathetisch wurde, schenkte ihm der Film-Martin noch einen Whisky ein und sagte ein paar Sätze, die vielleicht nicht klug, aber ungeheuer lässig klangen.

Das einzige, was störte, waren die Kamera und das Filmlicht und die vielen Leute um sie herum; und daß, wenn es gerade nett war, immer einer »Cut!« rief, und dann ging es wieder von vorne los. Und so begannen Martin und Sinatra irgendwann, ihre Filmrollen auch nach Drehschluß weiterzuspielen. Und genau so, fanden sie, sollten künftig alle Dreharbeiten sein. Eine Party nannten es die, die mitmachen durften. Ein Bordell sagten die, die draußen blieben.

Dazu stieß Sammy Davis jr., den Sinatra gern mochte und dem er sogar sein gigantisches Talent verzieh. Peter Lawford kam aus England und hatte Klasse; und als er Pat heiratete, die Schwester John F. Kennedys, war das Rat Pack praktisch mit Amerikas erster Familie verwandt. Joey Bishop war ein guter, böser Komiker und sah aus, als wäre er der kleine Bruder, den das Einzelkind Sinatra niemals hatte.

Das war das Rat Pack: Sie brauchten Sinatra, und Sinatra brauchte sie, und vor allem brauchte er Dean Martin, viel mehr, als der ihn jemals brauchte, weil erst Dean Martins Coolness den richtigen Resonanzraum schuf für Sinatras Mischung aus Abgebrühtheit und Melancholie, und Sinatras Tochter Tina hat später über diese Zeit gesagt, daß ihr Vater nur deshalb so gerne die Nächte durchgemacht habe, weil er, bevor er schlafen ging, ganz sicher sein wollte, daß auch an diesem Tag wieder die Sonne aufgegangen war.

So waren also die Nächte damals und das, was dann noch von den Tagen blieb: ein paar Jungs ohne feste Bindungen, die sich vergnügten und viel feierten, Partynächte, Flirtnächte, Whiskynächte – was man eben so tut, wenn man in Las Vegas ist und Erfolg hat und Geld genug, um sich das alles leisten zu können, Nächte, von denen 25jährige träumen. Aber Frank Sinatra war damals gerade 44 geworden, Dean Martin war 42, Joey Bishop 41, und Sammy Davis jr., der zehn Jahre jünger als Sinatra war, machte sich eigentlich als einziger manchmal Sorgen, ob seine Freunde je erwachsen würden.

Was Dean Martin anging, der konnte sich solche Sorgen nicht mal vorstellen. Für ihn war, was er mit den Jungs in Las

75

Vegas trieb, die einzig anständige Art, erwachsen zu sein. Herumhängen, Geld haben, bißchen singen, ein paar Witze machen, davon hatte Dino Crocetti schon geträumt, als er ein Teenager war, der immer gut auszusehen versuchte und sich ein bißchen Taschengeld mit Whiskyschmuggel verdiente. Jetzt hieß er Dean Martin, und daß er kaum zu altern schien, konnte nur an seiner unglaublichen Coolness liegen; die Zeit stand fast still für ihn, weil er sich von ihrem Vergehen absolut nicht berühren ließ.

Sinatras Zeit lief verkehrt herum. Er wurde jünger in den Las-Vegas-Jahren, er war die ganzen fünfziger Jahre nicht so jung gewesen, er hatte doch zehn Jahre zuvor schon seinem Unglück die Treue geschworen und seine Melancholie mit Whisky verdünnt, er hatte jedenfalls Lieder gesungen, die genau so klangen, »Guess I'll Hang My Tears Out To Dry«, und er hatte Rollen gespielt, in denen er genau so aussah, im »Mann mit dem goldenen Arm«, in »From Here To Eternity«, und das Publikum hatte ihm das immer geglaubt, weil man doch wußte, daß Sinatra eine harte Kindheit gehabt hatte und eine noch härtere Zeit mit Ava Gardner, seiner großen Liebe, die ihn betrog und schließlich wegen eines Stierkämpfers verließ, und jede Niederlage, das wußte das Publikum, hatte seinen Bariton noch ein paar Halbtöne nach unten gedrückt und seine blauen Augen mit noch mehr Trauer eingefärbt.

Und jetzt, mit Mitte Vierzig, benahm sich dieser mittelalte Mann wieder wie ein ganz junger, und die Leute, die sich Karten kauften, um Sinatra dabei zuzusehen, nahmen es ihm nicht übel, sie beneideten ihn nur ein bißchen, und natürlich fragten sie sich, wie es kam, daß dieses verdammte Glückskind außer einem Haufen Geld und Talent auch noch diesen Überschuß an Jugend hatte – und die Antwort war auch damals die reine Tautologie. Er war ein Glückskind, weil er so jugendlich war, und er war so jung, weil er immer Glück gehabt hatte, und alles andere war bloß Film und Pop, die Rollen, die Songs, die Posen. Frank Sinatra war als Muttersöhnchen aufgewachsen, der Junge mit den hübschesten Anzügen von ganz Hoboken, und später, als Sänger, hatte er sich auch nicht groß durchboxen müssen – den Start sicherte ihm seine Mutter, die sehr gute, sehr italienische Beziehungen hatte, und den Rest besorgte sein Talent. Mit dem Zweiten Weltkrieg bekam er nur insofern zu tun, als er einmal seine Garderobe zugunsten der Army versteigerte. Und als er wegen Ava Gardner an Liebeskummer litt, trösteten ihn so phantastische Frauen wie Lauren Bacall, Lana Turner und Shirley Mac Laine. Nein, Frank Sinatra mußte niemals seine Tränen zum Trocknen aufhängen; die Trauer, die seine besten Songs beschworen, kannte er nur aus diesen Songs, die Abgründe, in welche seine Filmfiguren guckten, hatte Sinatra bei der Lektüre der Drehbücher kennengelernt, und in den Whiskygläsern, so hat es später Dean Martin erzählt, war manchmal auch nur Apfelsaft, weil die Jungs nicht schon am frühen Abend betrunken sein wollten.

Und das war es, was Dean Martin und Frank Sinatra (nur die beiden zählen, weil Sammy Davis jr. sich nicht jünger fühlte, sondern jünger war und Bishop und Lawford bloß Statistenrollen spielten) zur Avantgarde macht für all jene, die erst noch geboren werden mußten, als das Rat Pack seine besten Jahre hatte: zwei Männer, die eigentlich nichts erlebt hatten, nichts jedenfalls, was tiefe Kerben im Gesicht und im Bewußtsein hinterlassen hätte, zwei Männer, die den Ernst des Lebens immer verpaßt hatten und die Welt bloß durch den Filter der populären Kultur wahrgenommen hatten, zwei Männer, die en passant vorführten, daß man von traurigen

Songs und tragischen Filmen nicht halb so schnell altert, wie wenn man den Schrecken und die Trauer unmittelbar erfährt. Es ging ihnen also damals schon so, wie es heute den allermeisten geht.

II.

Sie waren nicht die ersten, die so lebten, sie waren nicht einmal die ersten, die so ein Leben propagierten; sie hatten nur das größte Publikum für die Feier ihrer Jugendlichkeit. Die eigentliche Avantgarde, die Speerspitze der Bewegung war natürlich Cary Grant, der englische Hollywoodschauspieler, elf Jahre älter als Frank Sinatra, der in seinen späten Dreißigern einfach aufhörte mit dem Älterwerden. Cary Grant machte, anders als Sinatra, kein Drama daraus, er zog sich gut an und benahm sich wie ein anständiger Mensch, er blieb nur immer derselbe jugendliche Mann, während seine Filmpartnerinnen irgendwann alterten, und am schlimmsten muß das wohl für Jessie Royce Landis gewesen sein, eine attraktive und resolute Schauspielerin aus der zweiten Reihe, die 1955, in Hitchcocks »Über den Dächern von Nizza«, Cary Grants Schwiegermutter spielte; und 1959, in »Der unsichtbare Dritte«, spielte sie seine Mutter, und ihr Problem, auch wenn sie niemals laut klagte, bestand darin, daß sie ein Jahr jünger war als Cary Grant.

Womöglich hat auch sie sich damals gefragt, wo Cary Grant das Bildnis des Archibald Alexander Leach (wie der Mann mit bürgerlichem Namen hieß) versteckt habe und welche Spuren des Lebens es zeige – dabei war das Geheimnis seiner Jugend doch offenbar. Cary Grant war an Ironie unheilbar erkrankt, er nahm weder sich noch seine Filme jemals ganz ernst, es blieb da immer eine große Distanz zwischen ihm und den Rollen, die er spielte. Kurzum, Cary Grant war schon cool, als das Wort nur in der schwarzen Subkultur verstanden wurde – und seine Coolness war so umfassend, daß sie offenbar nicht nur seinen Kopf und seine Emotionen, sondern auch alle Körperzellen frisch hielt und das Fleisch des Cary Grant nicht verderben ließ.

Cool ist ja viel mehr als bloß das Lob, welches Teenager jenen Dingen und Menschen gönnen, für die sie keinen genaueren Begriff haben. Von der Coolness, wie Cary Grant sie zelebrierte, dieser unverschämte Schauspieler, den alles amüsierte und dem doch wenig zu Herzen ging, von dieser Coolness sind längst sämtliche westlichen Gesellschaften erfaßt – und es ist vermutlich kein Zufall, daß der Klimasturz in unserer Kultur zur selben Zeit begann, da die Erdatmosphäre anfing sich aufzuheizen und die Versorgung der meisten amerikanischen und europäischen Wohnzimmer mit angenehmen Temperaturen gesichert war. Wie heiß es in dieser westlichen Welt einst zugegangen ist, zeigt jeder Blick auf den Anfang des 20. Jahrhunderts, als das Erregungspotential der Menschen so hoch war, daß es uns heute ziemlich peinlich ist, mit Zeugnissen von Kriegs- oder Revolutionsbegeisterung konfrontiert zu werden; und ein Liebesbrief, mit heißem Herzen formuliert vor hundert Jahren, würde einen heutigen Empfänger eher befremden als berühren. Man hockte enger aufeinander, das allein schon sorgte für höhere Reibungswärme, und wer so hitzig lebte, der verbrannte offenbar auch schneller. Wie heiß es anderswo noch heute zugehen kann, das zeigen uns die Bilder und Berichte aus den südlicheren Gegenden, wo weder Distanz noch Ironie die Temperamente kühlen. Wenn in Indonesien oder Pakistan, in Ägypten oder Mexiko die Menschen demonstrieren, protestieren, wenn es dort Meinungsverschiedenheiten oder politische Auseinandersetzungen gibt, überschreitet die Erregung viel schneller den Siedepunkt.

Es waren die Hitze der Gefechte und der Verbrennungsöfen im Zweiten Weltkrieg und die beiden höllischen Blitze an seinem Ende, welche die Nachkriegsgesellschaft lehrten, die Kühle zu lieben. Es war der Kapitalismus, der die Entfremdung brachte, es war der Wohlstand, der für Distanz sorgte zwischen den Menschen in ihren immer größer werdenden Wohnungen, es waren die Medien, welche die Reibung der großen Massen überflüssig gemacht haben, weil das Volk sich nicht mehr auf den Straßen, sondern vor den Fernsehern versammelte – und es war das ungeheure Tempo des Fortschritts, das Unglaubliche an den Nachrichten aus aller Welt und den Fernen des Universums, die Bilder von Wundern und Katastrophen, ungesehen und ungeahnt und unvorstellbar nur eine Generation zuvor, aber eben Bilder, durch Abstraktion der unmittelbaren Wahrnehmung entrückt, welche die Ungerührtheit, die Coolness zur angemessenen Rezeptionshaltung machten.

Es ist kühl geworden in unserer Kultur, und daß das moralisch ein Problem sei, glauben nur Leute, die das Herz mit einem Ofen verwechseln und ihre Gefühle mit einem Fieber. Cool, das war der Name für die Haltung, mit welcher die Schwarzen in den Ghettos der amerikanischen Städte allen Demütigungen zum Trotz ihre Würde wahrten. Cool war es, die eigene Integrität hinter einem Panzer aus Eis zu bewahren. Cool war der Trompeter Miles Davis, der dem Publikum seine Musik gab und sonst nichts; seine perfekten Anzüge, seine Sonnenbrillen, die geschlossenen Augen, das war die Rüstung, hinter der er sich selbst erhielt. Und uncool war Charlie Parker, der Schöpfer des Bebop, das Genie des Altsaxophons, der Mann, der sich verschwendete und verausgabte und für ein erregendes Solo seine Seele ans Publikum verschleuderte und der, um sich zu erfrischen und ein bißchen abzukühlen, seinem Körper viel zuviel Alkohol und Heroin zumutete. Was aus der Jugend wird, wenn Coolness fehlt, stand im Totenschein von Charlie Parker, der mit 34 Jahren an einem Herzinfarkt starb. Der Arzt, der den Tod feststellte, hielt ihn für Anfang sechzig.

Lebe schnell, und stirb, solange du noch eine schöne Leiche abgibst: Das ist ja immer die Parole jener heißen Schule der populären Kultur gewesen, die mit Cary Grants Coolness so wenig anfangen konnte wie mit der reifen Jugendlichkeit von Frank Sinatra und Dean Martin. Die Geschichte des Rock'n'Roll verläuft in Fieberkurven – Elvis Presley trieb die gefühlte Temperatur in ungeahnte Höhen und war mit 35 ein alter Mann. Wer 1969 in Woodstock den Joint herumgehen ließ oder in Berlin einer Kommune beitrat, wollte die Distanz wieder aufheben, die Entfremdung überwinden und zumindest aus dem eigenen Leben die Kälte vertreiben. Und wenn man heute Bilder aus den Sechzigern und Siebzigern betrachtet, Männer mit Bärten und langen Haaren und einem Blick, der vom vielen Haschisch und Marihuana schon seinen festen Halt verloren hat, dann verschätzt man sich bei deren Alter fast automatisch um fünf bis zehn Jahre.

Jim Morrison, 25jährig, mit Vollbart, dunklen Locken und Sonnenbrille vor den Augen, sieht nicht aus wie ein junger, sondern wie ein sehr gefährlicher Mann, und als Oliver Stone 1991 die Geschichte der Doors verfilmte, wurde Morrison von Val Kilmer gespielt, einem Schauspieler, der damals 32 war: so alt, wie Morrison nie wurde. Jimi Hendrix verbrannte seine Gitarre und sich selbst und vergiftete sich als 27jähriger mit Barbituraten. The Who sangen »Hope I Die Before I Get

Old« und überlebten ihre Jugend als Veteranen. Cool zu bleiben hätte bedeutet, sich nicht an den bestehenden Verhältnissen zu reiben. Jung zu bleiben war keine Option für ein langes Leben, sondern für den frühen Tod. Und wer diesen oder einen anderen Ausgang aus den Fegefeuern der Pop- und Subkultur nicht fand, mußte eben weiterschmoren – und was diese Dauerhitze für Wirkungen hat, sieht man in den Gesichtern von Mick Jagger und Keith Richards, diesen uralten, zerfurchten und greisenhaften Gesichtern der beiden Rolling Stones, die noch mit Sechzig glaubten, man müsse den Leuten unbedingt »Hot Stuff« verkaufen.

III.

Die Idee vom schnellen Leben (nicht die vom frühen Tod) war natürlich schon in der Welt, als die ersten Platten der Who und der Rolling Stones erschienen, sie war zehn Jahre vorher populär geworden, in den frühen Fünfzigern, als die ersten Bücher von Jack Kerouac und William S. Borroughs gedruckt wurden, die Gedichte von Alan Ginsberg, all die Manifestationen jener Beat-Literatur, die ihren Namen nicht vom Schlagen, *to beat*, herleitete, sondern vom Glück, in einem etwas altmodischen Englisch auch *beatitude* genannt, und Voraussetzung für dieses Glück war die Entscheidung, in dem Alter, da die meisten in eine Firma eintraten und sich die Monatskarte für den Vorortzug kauften, genau das Gegenteil zu tun.

»Im einzelnen war ich: Schiffsjunge, Tankwart, Decksmann, Sportreporter bei der Zeitung (*Lowell Sun*), Bremser bei der Eisenbahn, Verfasser von Drehbuchsynopsen für die Twentieth Century Fox in New York, Eisverkäufer, Bahn-

hofsarbeiter, Gepäckträger, Baumwollpflücker, Möbelpak-
kergehilfe, Blechverarbeitungslehrling beim Bau des Penta-
gon, Brandwache im Forstdienst, Bauarbeiter.« So hat Jack
Kerouac, als er 38 war, im Jahr 1960, seinen Lebenslauf
formuliert, jener Kerouac, dessen Roman »Unterwegs« acht
Jahre zuvor der ganzen Bewegung die Richtung und das
Tempo vorgegeben hatte. Es ging ums Glück, nicht um Rebellion; nur verstanden Kerouac und sein Freund Neal Cas-
sady, der Mann, der dem Helden von »Unterwegs« als Vorbild
diente, unter dem Glück etwas ganz anderes als etwa Dean
Martin und Frank Sinatra. Sie suchten das Herz von Amerika, und sie wollten es laut schlagen hören, sie wurden, unterwegs auf den endlosen Highways, zum Teil des Blutkreis-
laufs, und sie vermuteten das Herz irgendwo in der Gegend
von Denver, Colorado, wo die Luft kühl und frisch war; aber
seine Schläge waren am deutlichsten in San Francisco und
Chicago zu hören, bei den Jam Sessions, die erst im Morgen-
grauen zu Ende gingen, wenn der Schlagzeuger einen Mus-
kelkater bekam und der Saxophonspieler vor Erschöpfung
fast zusammenbrach. Und während Jack Kerouac sein Amerika suchte, wußte William S. Borroughs nicht, ob er sich selber suchte oder vor sich floh, er war süchtig nach der kalten
Droge Heroin und schrieb den Roman »Junkie«, der ein Best-
seller wurde und seinem Autor trotzdem wenig einbrachte,
er flüchtete vor den New Yorker Rauschgiftfahndern in den
Amazonasdschungel und fand dort die Wunderdroge der
Indianer, und in Tanger starb er fast an seiner Sucht und
schrieb tausend Seiten »Naked Lunch«.

Borroughs lebte von den 200 Dollar, die ihm seine Eltern
jeden Monat schickten, und als er 42 war, machte er auf deren Kosten endlich eine Entziehungskur. Kerouac hatte keine
reichen Eltern und auch kein Geld, weil »Unterwegs« erst

1957, fünf Jahre nach seinem Erscheinen, anständige Tantiemen einbrachte; er nahm die Jobs an, wie es sich eben ergab, und sorgte sich nur darum, daß ihm Zeit fürs Schreiben und fürs Reisen blieb. Es gibt ein Photo, das beide am Strand von Tanger zeigt, wie sie sich dem Erwachsensein verweigern, es ist das Jahr 1957, und Borroughs, damals 43, inszeniert sich als Exzentriker, wie er, blaß und immer ein bißchen dekadent, im Anzug und mit Schuhen im Sand liegt, und daneben steht Kerouac, damals 35, in der Badehose, braungebrannt und sportlich und so ungeheuer jung, wie es heute fast alle 35jährigen sind.

Was Beat war, sah vielleicht auf den ersten Blick wie die klassische Boheme aus, auf den neuesten, den amerikanischen Stand gebracht. Aber die Pariser Bohemiens des 19. Jahrhunderts, Flaubert, Stendhal, Baudelaire, waren viel zu sehr auf die Bourgeoisie bezogen, die sie haßten und die sie gerade deshalb so dringend brauchten, zur Klärung der eigenen Positionen. Und für ihre Nachfolger, die Amerikaner der Lost Generation in den Zwanzigern und die Surrealisten in den Dreißigern, war die Boheme quasi eine Standortfrage – nur dort, in Montmartre oder Montparnasse, fanden sie die angemessenen Produktionsbedingungen für ihre Kunst. Die Beats dagegen, vor allem Kerouac und all jene, die seinem Lebenstempo nacheiferten und seinen Lebensrhythmus imitierten, auch ohne daß dabei weltberühmte Romane entstanden, die Beats waren mehr Avantgarde als die meisten Avantgarden vor ihnen. Sie waren tatsächlich ihrer Zeit voraus und nicht bloß gegen sie. Sie verschreckten den Bürger nicht, sondern verführten ihn oder zumindest seine Kinder, sie zeichneten die ersten Skizzen für jene Lebensbaupläne, nach welchen sich heute so viele richten. Mit einem Lebenslauf wie dem von Jack Kerouac bekommt man heute jederzeit einen Termin beim Personalchef einer Werbeagentur – und in großen Medienunternehmen zumindest ein dreimonatiges Praktikum.

IV.

Man sollte lieber noch einmal genau hinsehen und hinhören, bevor man Pop – den kulturell-industriellen Komplex rund um Film und Fernsehen, Musik, Werbung und Mode – für unsere Juvenilisierung allein verantwortlich macht. Pop war, als alles anfing, nur die Feier des kurzen Moments zwischen dem Erreichen der Geschlechtsreife und dem Beginn einer ernsthaften Berufstätigkeit: Pop war nicht der Versuch, diesen Moment unendlich zu verlängern. Pop war, als er jung war, eher der Versuch, den Jungen, die erstmals Geld hatten, dieses Geld wieder aus der Tasche zu ziehen, für Schallplatten, Kinokarten, schnellen Konsum. Pop war die Sprache der Jungen, welche die alten Säcke nicht verstehen sollten. John Lennon verkündete das Ende der Beatles, bevor einer von ihnen dreißig war. »Trau keinem über dreißig!« hieß auch der populäre Slogan in den späten Sechzigern, und die Revolte jener Jahre, der Aufstand der Studenten und der Ausstieg der Hippies, war zwar nicht vorgesehen in den alten Lebensbauplänen, brachte aber auch keine neuen hervor, nichts jedenfalls, was die Dreißig hätte überdauern können. Der 40jährige Landkommunenbewohner war eher Abschreckung als Vorbild, und der Demonstrationsveteran, der sein Studium abgebrochen hatte und in die Kommune gezogen war, mußte nach ein paar Jahren schauen, daß er den Anschluß wiederfand, oder sich damit abfinden, daß er als Taxifahrer in Kreuzberg oder als Kneipenkellner in Sachsenhausen alt werden würde.

Film und Werbung und Mode haben immer nur der Schönheit gehuldigt, und deren Vergehen haben sie nicht besonders bedauert, weil, wenn die Schönen alt wurden, neue Schöne schon herangewachsen waren. Daß ein Ding von Dauer war, und seien es die Jugend und die Schönheit, lag schon deshalb nicht in ihrem Interesse, weil sie alle, die Werber, die Film- und die Musikproduzenten, dem Publikum ständig etwas Neues bieten mußten, um ihre Produkte verkaufen zu können. Die Popkultur war grausam; sie vergaß, wen sie gestern noch vergöttert hatte. Sie verlachte den, der sich dagegen sträubte. Und sie kümmerte sich wenig um die, die auf der Strecke blieben, weil sie sich für dieses Tempo zu alt, zu müde, zu ausgepumpt fühlten. Ines de la Fressange wurde in den späten Achtzigern, als sie endlich vom Mädchen zur schönen, eleganten Frau gereift war, ausgemustert als Karl Lagerfelds Muse und Model und ersetzt durch die blutjunge Claudia Schiffer. Brian Wilson wurde schwermütig, als die Beach Boys in den Siebzigern ihren Vorrat an Jugend aufgebraucht hatten. Und Cher, die künstlich-schöne Sängerin, baute Barrieren aus Silikon gegen den Lauf der Zeit und fühlte sich, obwohl sie noch in den frühen Neunzigern Millionen von Platten verkaufte, subjektiv auf der Verliererseite: »Mein Name ist Cher. Ich bin 45 Jahre alt und habe seit 18 Monaten keinen Mann mehr gehabt.« Das erzählte Cher 1991 ihrem Konzertpublikum, und so ganz genau wußte sie wohl selber nicht, ob sie noch ein Opfer der alten oder schon die Heldin der neuen Altersverhältnisse war.

V.

Pop hat diese Verhältnisse nicht geschaffen – aber wer genau hinhörte, konnte in der Popkultur schon ein leichtes Zittern verspüren, ein paar Jahre bevor die alten Lebensläufe dann so heftig erschüttert wurden. 1989 zum Beispiel, als Lauren Hutton, die in den frühen Siebzigern eines der ersten Supermodels und in den frühen Achtzigern eine erregende Schauspielerin gewesen war, wieder zurückkehrte zu ihren Anfängen. Sie war auf Plakaten und Anzeigen zu sehen, sie warb für Barney's, das schickste Kaufhaus von New York, sie war 45, sie war eine schöne Frau, sie brauchte sich nicht zu verstekken vor den 25jährigen.

Ein Jahr davor, im Sommer 1988, war ein Film in die Kinos gekommen, der von den Dingen, die da kommen würden, schon mal träumte – es war ein lustiger und ein beunruhigender Traum, und wer mitträumte, ahnte nicht, daß, was er da sah, die Welt des frühen 21. Jahrhunderts war, nur ein bißchen übertrieben vielleicht, zum Zweck der besseren Kenntlichkeit vergrößert und vergröbert. Der Film hieß »Big«, und er erzählte von einem Jungen, einem 13jährigen, der bei den Mädchen noch nicht landen kann, weil er zu klein und kindlich ist, und eines Nachts wünscht er sich, daß er endlich groß sei, ein Mann, kein Junge mehr, und am nächsten Morgen wacht er im Körper eines 32jährigen auf. Seine Mutter erkennt ihn nicht mehr, in der Schule kann er sich nicht blicken lassen. Der Mann, der in Wirklichkeit ein Junge ist, geht nach New York, in die große Stadt, um ein Leben wie ein Mann zu führen. Er findet einen Job bei einer Spielzeugfirma, und weil er selber so verspielt ist, weil er mehr Ideen hat als alle Erwachsenen zusammen, weil er unbekümmert ist und keine Angst hat, macht er ganz schnell Karriere. Er ist der Mann, auf den der Chef der Firma gewartet hat. Er ist das Monster, vor welchem Robert Pogue Harrison sich fürchtet. Er ist das ausgewachsene und geschlechtsreif gewordene Kind, das gegen die erwachsenen Männer jeden Wettbewerb gewinnt. Er ist besser gerüstet für eine Arbeitswelt, in welcher die Kreativität alles und die Erfahrung wenig gilt. Er ist beliebter bei den Frauen, weil er mit ihnen spielt und mit sich spielen läßt und sich insgesamt so viel sorgloser und unbefangener verhält als seine 40jährigen Konkurrenten, die beim Sex nur an die Karriere und bei der Karriere nur an Sex denken können. Er ist ein Mann mit großer Zukunft – und daß er, wenn der Film zu Ende geht, den Körper des Schauspielers Tom Hanks wieder verläßt und zurückkehrt in seine Kinderexistenz, das ist eher den Genreregeln geschuldet, als daß damit diese Zukunftsvision wieder dementiert worden wäre.

Denn damals, ums Jahr 1988 herum, muß jene Zukunft begonnen haben, die heute unsere Gegenwart ist. Es war das Jahr, in dem Sharon Stone dreißig wurde, genauso wie Michelle Pfeiffer, Andy McDowell, Annette Benning, lauter Frauen, die damals erst damit anfingen, jung und attraktiv zu sein. Und natürlich Madonna, die Frau, die die Revolution der Lebensläufe wie keine andere vorangetrieben hat; und zugleich verkörpert sie diese Revolution und versorgt sie mit Bildern – Madonna, nackt und gepanzert zugleich im Bustier von Gaultier: das ist für unsere Gegenwart, was in Delacroix' berühmtem Gemälde die Freiheit war, die das Volk führt, jene Freiheit, die sich der Maler nur als schöne, starke Frau mit nackten Brüsten vorstellen konnte. Über ihr Alter, so muß man vermuten, hat Madonna das letzte Mal in den frühen Achtzigern nachgedacht, in jenen Jahren, in denen sie den fünfundzwanzigsten Geburtstag auf sich zukommen sah und sich abzappelte und abstrampelte, um endlich groß und berühmt zu werden, weil sie Angst hatte, es laufe ihr die Zeit davon. Und dann war sie fünfundzwanzig, und jeder Fünfundzwanzigjährige in der westlichen Hemisphäre kannte ihren Namen und konnte »Holiday« mitsummen, ihren ersten großen Hit. Und von da an war es sie, Madonna, die ihrer Zeit davongelaufen ist.

Natürlich ist auch Madonna älter geworden – im Jahr 1985 sah sie anders aus als im Jahr 2000. Aber sie hat das Älterwerden neu definiert; nicht die Zeit hat Spuren bei ihr hinterlassen, allenfalls sie ihre Spuren in der Zeit. Sie schlüpfte von einer Rolle in die nächste, und sie war längst woanders, bevor die Zeit und das Alter sie in einer dieser Rollen einholen konnten. Und daß ihr das immer gelungen ist, hat viel damit zu tun, daß sie die Antwort auf die beiden Fragen, wer sie eigentlich sei und ob man sich die wirkliche Madonna Louise Ciccone, die Frau hinter der Maske, als eine Schönheit vorstellen solle, immer verweigert hat. Die Frau hinter der Maske wurde zuletzt ums Jahr 1982 herum in downtown Manhattan gesehen, eine kleine, etwas dralle Person italienischer Abstammung mit dunklen Haaren, intensiven Augen und einer Lücke zwischen den Schneidezähnen, ein attraktives, aber keineswegs atemberaubendes Mädchen, das aber, kaum standen die Mittel zur Verfügung, sich aus den Fesseln ihrer Natur befreite und sich selbst neu erfand. Sie erfand sich als Marlene Dietrich und Marilyn Monroe, als braves Mädchen und als Männersammlerin, sie war blond, schwarz, brünett, sie kam mal vom Land, mal aus der großen Stadt, war naiv und sophisticated, sie gab dem Publikum das, was es wollte, nämlich ständig etwas Neues, und es war doch immer Madonna, was das Publikum bekam, und das alles ging viel zu schnell, als daß sich irgendwann die Frage nach ihrem

Alter gestellt hätte. Madonna war schon wieder neu, das war immer das Thema, sie trug jetzt Flanellhemden oder auch brustfrei – und wenn die Jugend das Meer der Möglichkeiten ist, dann war Madonna die Kommandantin eines Schlachtschiffs, dessen Kanonen alles kurz und klein schossen, was auch nur entfernt nach einem Ufer aussah.

Madonna hat sie alle beerbt und dann das Erbe vergrößert, sie hat, wie einst Sinatra, das Leid und den Schrecken nur im Medium der populären Kultur kennengelernt, als Popsong, Videoclip und Film, aber anders als Sinatra hat sie diese Welt zu ihrem Lebensraum gemacht und sich selbst zu einem künstlichen Wesen, dem die Zeit anscheinend wenig anhaben kann. Sie hat, wie einst Cary Grant, die Distanz zwischen sich und ihren Inszenierungen mit dem Eispanzer der Coolness befestigt, aber anders als bei Cary Grant wäre es sinnlos, nach dem Ort ihres Ichs zu suchen. Die Distanz, die Coolness, das ist es schon, das Wesen von Madonna. Und von Kerouac und den anderen Beats hat sie das Lebenstempo gelernt, nur daß sie mit ihrer irren Geschwindigkeit nicht die Räume zwischen Ost- und Westküste, zwischen New York und Tanger und Paris durchquerte, sondern, quasi mit Lichtgeschwindigkeit, durch den virtuellen Raum der Images und Inszenierungen schoß.

Und so stand, nur zum Beispiel, im Jahr 1998, dem Jahr, in dem sie vierzig wurde, das Bild von Madonna vor aller Augen – es war das Bild von einer Frau, die nicht einfach bei dreißig stehengeblieben, sondern anders vierzig geworden war, einer Frau, die gleichzeitig Mädchen geblieben und Große Alte Dame des Pop geworden war, einer Frau, die ihre Attraktivität und ihren Sex-Appeal weniger ihren Genen verdankte als ihrem enormen Selbstbewußtsein und der harten Arbeit am eigenen Körper und dem eigenen Bild. Und weil dieses Bild überall zu sehen war, unerhört und selbstverständlich zugleich, deshalb hat es auch die Selbstbilder jener geprägt, die mit Madonna nicht einmal den Musikgeschmack und schon gar nicht den Lebensstil gemeinsam haben. Immerhin, um ein cooles Verhältnis zur eigenen Rolle zu entwickeln, muß man kein Popstar sein, und um seine eigenen wesentlichen Erfahrungen aus den Welten der populären Kultur zu holen, muß man nicht zu denen gehören, die diese populäre Kultur produzieren.

Wer sich aber in die populäre Kultur begibt und keine Coolness mitbringt, weder Ironie noch Distanz, der kommt darin um – oder er geht zumindest der Welt verloren, und genau deshalb ist uns Michael Jackson völlig abhanden gekommen, dieser geniale Musiker und Popstar, der im gleichen Jahr wie Madonna geboren wurde, 1958, und der seine schönste Platte, »Thriller«, aufnahm, als Madonna fast noch das bestgehütete Geheimnis von downtown Manhattan war. Michael Jackson, der auf dem Cover von »Thriller« wie ein halbwegs lebensnaher junger Mann aussah, bißchen halbstark vielleicht und ein bißchen exaltiert, ein Mann mit dunkler Haut und breiten Lippen und ein paar Bartstoppeln darüber, dieser Michael Jackson brauchte viel von dem vielen Geld, das er mit »Thriller« verdiente, um sich jene Jugend zu erhalten, die er, der ehemalige Kinderstar, vermutlich niemals hatte. Es sind nicht nur die Spuren der Operationen in seinem Gesicht, die ihn wie ein Monster aussehen lassen: ein Mensch, der das Altern nicht verzögert hat, sondern anscheinend ganz aus der Zeit heraus gefallen ist, mit diesem Kopf, der nicht alt ist und nicht jung, sondern eher schockgefroren, so als hätte er, wie in einem Märchen, das er sich in bösen Nächten selbst erzählt, in den Spiegel geschaut und wäre vom eigenen Anblick so erschrokken, daß davon seine Gesichtszüge für immer stehen geblieben sind.

Es ist aber erst recht sein Habitus, der ihn zu einem jener Monster macht, deren Erscheinen Robert Pogue Harrison so fürchtet: sein mädchenhaft hingehauchtes »I love you«, seine kindliche Angst vor Menschen, seine naive Art, sich auszudrücken. Er glaubt wohl wirklich, daß seine Seele noch nicht in die Pubertät gekommen ist, er ist, um noch einmal Harrison zu zitieren, tatsächlich völlig infantil – und zugleich teuflisch intelligent; denn daß er als Musiker, als Sänger und Tänzer, als Regisseur seiner eigenen Auftritte ein Genie ist, leugnen ja nicht mal die, die ihn sonst als Irren belächeln oder als Kinderschänder verachten. Michael Jackson, der in der linken Backe mehr Luft hat als Madonna in ihren beiden Lungen, Michael Jackson, der ein paar Songs geschrieben und gesungen hat, »Beat It«, »Thriller«, »Billie Jean«, von denen jeder das Gesamtwerk von Madonna aufwiegt, dieser Michael Jackson glaubte, auch er könne sich neu erfinden – und daß er sich dabei verloren hat, liegt daran, daß er die wichtigste Lehre der Popkultur nicht verstanden hat. Er wollte da unbedingt hinein, in die künstliche Welt der Songs und Clips, er wollte seine Rollen nicht nur spielen, sondern sein, er wollte so jung bleiben, wie es Lady Madonna und Angie, Major Tom, Shaft und Billie Jean in den Songs geblieben sind, und ganz egal, ob er, wie einst Dorian Gray, dafür seine Seele verkauft hat: Sein Körper war auf jeden Fall der Preis dafür. Er wollte, mit Hilfe der plastischen Chirurgie, sich selbst als jungen Mann ganz neu erschaffen und ist irgendwann als Monster aus der Narkose erwacht. Er begriff nicht, daß Pop nur der Puffer ist, ein Polster aus Uneigentlichkeit und Ironie, welches die Schläge und Stöße des wirklichen Lebens elegant abfedert und so verhindert, daß wir uns dort die Wunden und Verletzungen holen, die uns sonst alt und schwach werden ließen. Wenn die Jugend das Meer der Möglichkeiten ist, dann kommandiert Michael Jackson ein Unterseeboot, das die Kraft zum Auftauchen nicht mehr hat, er hat die Sonne und den Himmel aus den Augen verloren, er findet keine Inseln mehr, und langsam, sehr langsam geht ihm da unten die Luft zum Atmen aus.

Wir aber, die wir auf der anderen Seite der Fernseher und Kinoleinwände sitzen, vor unseren Stereoanlagen oder mit dem I-Pod in der Straßenbahn, wir, die wir gelegentlich den einen oder anderen Schlag aus dem wirklichen Leben einstecken müssen und dabei merken, daß Pop und Ironie nicht alle Stöße abfedern, wir, die wir uns selber gar nicht immer cool finden und schon gar nicht in den entscheidenden Momenten, wir müssen nicht glauben, das alles ginge uns gar nichts an, bloß weil wir vielleicht statt Madonna lieber Brahms hören und uns den Film »Big« noch nicht einmal im Fernsehen angucken mochten. Wir sind ganz bestimmt nicht die Opfer einer popkulturellen Verschwörung, welche uns mit einem Dauerbombardement von Bildern und Tönen in der permanenten Adoleszenz halten und am Erwachsenwerden hindern will – aber erst recht kann keiner von uns sagen: Was hat das schon mit mir zu tun?

Auf die Frage, ob etwa Sinatra und Dean Martin das Publikum zu unerwachsenen Umtrieben verführt haben mit ihren Auftritten in Las Vegas; oder ob sie, umgekehrt, den Wünschen und Gelüsten des Publikums nur einen Ausdruck und eine Gestalt gegeben haben, heißt die einzig richtige Antwort: Ja. Genau. Beides ist richtig.

Auf die Frage, ob die 45jährige Lauren Hutton auf den Plakaten und Anzeigen von Barney's die Betrachter dazu animiert habe, ihr Bild von der Frau über vierzig endlich neu zu bedenken; oder ob sie auf den Plakaten erst erschien, als ein neues Bild längst am Entstehen war, auch darauf kann man nur antworten: Klar, so war es, beides stimmt.

Wir haben, weil wir ihre Platten kauften und Karten für ihre Kinofilme und Konzerte, Madonna, Michael Jackson und all die anderen miterfunden – nichts wäre geworden aus den Karrieren, den Filmen, den Videoclips, wenn wir das nicht gewollt hätten. Die Helden der populären Kultur sind auch unsere Geschöpfe, unsere Projektionen, sie würden anders aussehen, andere Musik spielen, anders handeln, wenn wir uns nach anderen Gesichtern und Geschichten sehnten. Madonna konnte mit vierzig so sein, wie sie war, weil wir so waren oder jedenfalls so sein wollten – und daß wir so waren und noch immer sind, wäre nicht denkbar ohne die Bilder und Vorbilder, ohne den riesigen Resonanzraum der populären Kultur. Das ist nur scheinbar paradox – und mit Manipulation oder der Herrschaft der Medien über unsere Selbstbilder hat das schon gar nichts zu tun. Die Blicke der Popstars kreuzen sich mit den unseren, die Bilder, die wir uns von uns selber machen, projizieren wir auf die Bilder der Popstars und des Kinos, und wer sich vom Lärm der medialen Rückkopplungen und Kurzschlüsse nicht ablenken läßt, sieht darin, unscharf noch und ein bißchen verwackelt, die ersten Bilder eines neuen Lebensbauplans. Er gilt für jene Menschen, deren Sinne von den Medien nicht abgestumpft sind – aber abgepuffert gegen jene schmerzlichen Erfahrungen, die unsere Vorfahren früher altern ließen. Er gilt für jene, deren Coolness keine Herzenskälte ist – nur ein Hitzeschild aus Ironie und Distanz, welcher dafür sorgt, daß wir uns nicht an sinnlosen Erregungen verbrennen und verzehren. Und er gilt für jene, denen die populäre Kultur nicht bloß Trash und Trivialität ist – sondern die Plattform, von welcher aus

94

die Tiefe und die Weite des Meers der Möglichkeiten, die Strömungsverhältnisse und der Wellengang schon einmal vermessen werden.

Als dieses Buch geschrieben wurde, war Madonna keine junge Frau mehr, und anders als all die Silikonmonster und Botoxgesichter versuchte sie nicht, diese Tatsache zu leugnen. Sie trat einfach auf die Bühne und gab Britney Spears, die ihre Tochter sein könnte, einen Zungenkuß – und abgesehen davon, daß dieser Kuß als Provokation und Machtdemonstration schon in Ordnung ging, abgesehen davon war diese Szene auch ästhetisch ein Wagnis und ein Sieg. Schaut nur genau hin, schien Madonna da zu sagen, ich bin fünfundvierzig, ich bin fast fünfundzwanzig Jahre älter als dieses Mädchen, und wer, zur Hölle, hat denn mehr Sex?

Lebensläufe II: Freiheit

An dem Tag, an dem er vierzig wurde, wachte Fetisch auf seinem weißen Sofa auf, und dann bemerkte er, daß er erst einmal aufräumen mußte, die Wohnung sah fürchterlich aus, und als er fertig damit war und einigermaßen fit, war es Abend, und sein ältester Freund kam vorbei, und dann sind sie in die Niebuhrstraße gefahren, ins Bordell, in dem sie die einzigen Männer waren zwischen fünfzehn bis zwanzig Mädels, die für Fetisch ein Geburtstagsständchen sangen, und später haben sie eine Linsensuppe mit Speck für ihn gekocht, und dann saßen sie in der Küche, Fetisch, sein Freund und die vier schönsten Mädchen, sie haben die Suppe gegessen, und als Fetisch nach Hause ging, dachte er: Das war also mein vierzigster Geburtstag. Ein guter Tag, ein glücklicher Tag.

Nein, sagt Fetisch, die große Vier ist niemals ein Problem für ihn gewesen, vorher nicht und nachher nicht und auch nicht jetzt, mit zweiundvierzig. Die große Drei, die hat ihn damals richtig fertiggemacht; und das nächste große Altersproblem, das sieht Fetisch nicht vor dem sechzigsten Geburtstag kommen. Ja, sechzig, sagt er, das könnte problematisch werden.

Wir haben uns in Berlin-Mitte getroffen, im Café der sogenannten Kunst-Werke, an einem sonnigen Spätsommertag.

Fetisch, der doch eigentlich ein Mann für die Nächte ist, sieht gesund aus und braungebrannt, er bestellt, gleichzeitig, einen Orangensaft und einen Milchkaffee, er setzt sich in den Halbschatten und blinzelt zufrieden. Das hier, sagt er, sei sein zweites Wohnzimmer, und tatsächlich kommt, kaum haben wir mit unserem Gespräch begonnen, die Schauspielerin Mavie Hörbiger vorbei, setzt sich neben uns, fragt, ob sie störe. Nein, was stört sind die Wespen, sagt Fetisch, charmante Antwort, sagt Mavie Hörbiger, und dann trinkt sie ihren Kaffee, überfliegt das Feuilleton der »Süddeutschen Zeitung«, hört uns gleichzeitig zu, und plötzlich springt sie auf und sagt, sie möchte das alles nicht hören. Schließlich sei sie ja erst vierundzwanzig. Bis später, Mavie, ruft ihr Fetisch hinterher, und kaum ist sie weg, kommt Klaus Biesenbach vorbei, der Chef der Kunst-Werke, der den Photographen Mario Testino im Schlepptau hat, und anscheinend hat Biesenbach ihm etwas ins Ohr geflüstert; denn Testino, der weltberühmte Photograph, bleibt kurz stehen und nickt Fetisch zu. Ich kenn den gar nicht, sagt Fetisch, der ein bedeutender Mann sein muß.

Er ist DJ, legt eigentlich jedes Wochenende woanders auf, mal in Hannover, aber eben auch in London und Paris, und unter der Woche, wenn er in Berlin ist, arbeitet er mit Terranova, was nicht wirklich eine Band ist, eher das Projekt einiger Musiker zur Herstellung vorwiegend elektronischer Klänge – nichts, was im Autoradio liefe. Aber unter den Fans und Kennern gilt Terranova als die einzige ernstzunehmende deutsche Gruppe.

Er sieht unauffällig aus und natürlich jünger, als er ist. Er könnte Anfang dreißig sein, Ende zwanzig sogar, und genau so lebt er auch, aber daß er der Jugendkultur nie entronnen sei, daß sein Lebensstil womöglich nur die aktualisierte und vergleichsweise luxuriöse Variante dessen sei, was auch am Erwachsenwerden gescheiterte Kreuzberger Taxifahrer tun: Diese Arbeitshypothese weist Fetisch ganz heftig zurück. Jugendkultur, sagt er, wolle er das lieber nicht nennen. Präziser sei: Entertainment. Besser noch: Unterhaltungsindustrie. Er liebe seine Arbeit. Und er liebe seine Freiheit.

Er war lange in England, er hat da viele Freunde, aber er ist ein kategorischer Gegner des Konzepts, nach dem fast alle diese Freunde leben: Haus bauen, Kinder kriegen und dafür Schulden machen. So eine Endgültigkeit sei das, sagt Fetisch, so eine Fessel, die einen immer am selben Ort hält. Keiner seiner englischen Freunde könnte morgen beschließen, ab dem nächsten Monat in Paris zu leben. Oder eben in Berlin, wo Fetisch einerseits zu Hause ist. Und andererseits will er auch hier so leben, als ob er bloß auf der Durchreise wäre.

Keine Verantwortung. Nicht für jemand anderen als für sich selber jedenfalls. Eine Frau, die seßhaft werden will, ein Haus, und dann muß der Mann hinaus und schauen, wie er den Kühlschrank füllt, und sie hütet den Haushalt und erzieht das Kind: Schon der Gedanke an eine solche Arbeitsteilung reicht, daß Fetisch schwere Beklemmungen bekommt. Er hat eine Liebesbeziehung gehabt, die sechs Jahre dauerte, und eine, die ging sogar über zehn Jahre, und wenn er im Moment nichts Festes habe, heiße das nicht, daß er es nicht wolle. Aber auch die nächste Frau wird er nur an sich heranlassen, wenn sie ein eigenes Leben hat und eine eigene Karriere und sich nicht beschwert darüber, daß seine Arbeit ihn durch ganz Europa treibt.

Er weiß, daß das alles, seine Ansprüche und Angewohnheiten, auf einem guten Einkommen beruht, und natürlich weiß er auch, daß er dieses Einkommen hat, weil er eben gefragt ist. Er ist in Mode, gewissermaßen, die Leute in den

Clubs wollen hören, was er auflegt, und die Leute in den Läden kaufen die CDs von Terranova, und natürlich garantiert ihm keiner, daß das auch morgen noch so sein wird. Er denkt nicht allzuoft an diese Möglichkeit, sagt Fetisch, er denkt an seinen nächsten Auftritt, sein nächstes Stück, es muß ihn selber aufregen, dann wird es schon auch sein Publikum aufregend finden.

Wenn der Moment kommt, hofft Fetisch, der Moment, an dem er zu weit weg von seinem Publikum ist, dann wird er es auch merken. Es wird klick machen, und er wird sehen, daß es nicht mehr stimmt, so wie David Bowie den Moment ganz genau erkannte, als er mit den harten Drogen ganz dringend aufhören mußte. Fetisch wird sich in die zweite Reihe zurückziehen, wird vielleicht die Stücke junger Musiker produzieren, vielleicht die eigene Plattenfirma leiten, es wird sich etwas ergeben, da ist er sich ziemlich sicher.

Sein Publikum ist oft zehn, meistens zwanzig Jahre jünger, als er es selber ist, aber trotzdem, sagt Fetisch, ist er kein alter Sack für sie: Er ist eine Autorität. Er weiß einfach ein bißchen mehr als sie darüber, welche Platten man bei welcher Gelegenheit auflegen kann. Er ist besser als jeder Grünschnabel in der Lage, sich vorzustellen, was schließlich herauskommen wird, wenn er elektronische Musik produziert. Und er hat den größeren Überblick, wenn es darum geht, das richtige Gesamtdesign zu entwerfen, vom Look des Covers bis zum Lebensstil, der dieser Musik angemessen ist.

Pop, daran kann sich Fetisch noch ganz gut erinnern, Pop funktionierte früher ganz anders. Wer jung war, war im Recht, wer alt wurde, war der Gegner, und Autorität war etwas, das, wo immer man es antraf, bekämpft und schließlich gestürzt werden mußte. Warum das heute anders ist, weiß auch Fetisch nicht so genau – aber so, erzählt er, wie er als leidenschaftlicher Feuilletonleser der Kunstkritik eines 25jährigen nicht vertrauen würde, weil so einer zu wenig Erfahrung hat, so gewinne man auch als DJ und Musiker erst ab einem gewissen Alter die gewisse Souveränität, nach der sich das Publikum sehne. Vor zwanzig Jahren habe er vielleicht ein bißchen mehr explosive Energie gehabt. Aber zahmer, risikoscheuer, spießiger sei seine Musik ganz bestimmt nicht geworden.

Vor zwanzig Jahren war Fetisch in New York. Vor zwanzig Jahren war er sogar fast schon wieder weg aus New York. Er war in den frühen Achtzigern in die Stadt gekommen, knapp über zwanzig, kein Abitur, kein bestimmtes Ziel vor Augen, aber er sah gut aus und zog sich gut an, und genau solche Leute suchte Rudolfo, ein Südamerikaner deutscher Abstammung, für die Danceteria, die damals eine der besten New Yorker Diskotheken war. Fetisch arbeitete an der Bar, dann legte er Platten auf, und wie das ging, lernte er, während er es tat, und nebenher arbeitete er als Model, und auf den vielen Parties lief es eigentlich auch ganz gut für ihn, weil es in New York damals viel mehr Mädchen als Männer gab, zumal, wenn man die homosexuellen Männer abzog.

1985 war, was ihn so lange euphorisiert hatte, zur Routine geworden; er ging zurück nach Berlin, wo es nicht besser war, und 1987 war er wieder in New York, und wieder muß es ein lustiges Leben gewesen sein, dort aufzulegen, wo Madonna tanzte und die ganzen Models und die Filmstars kamen, aber immer öfter wachte er gegen Mittag auf und fragte sich, was, außer einem Kater, von seiner Arbeit übrigblieb. Er hatte Kurse an der New York School of Visual Arts belegt, nicht, weil er Filme machen, nur weil er sie besser verstehen wollte, und wenn er zwischen den Filmhochschülern saß, die ihr Ziel so deutlich vor sich sahen, wurde er traurig davon, und manchmal kotzte ihn die Dauerparty, die sein Leben war, richtig an, er wurde depressiv und versuchte sich mit Drogen, harten Drogen, ein bißchen zu trösten, die Dinge gerieten ihm außer Kontrolle, und 1989 floh er nach London, wo es, vorerst, nicht viel anders weiterging.

Einen Abend lang Platten aufzulegen, sagt Fetisch, das sei doch letztlich nicht besser, als wenn man einen Tag lang am Bankschalter sitzt, man macht halt seinen Dienst und hat am Ende nichts geschaffen, und weil das so ein unangenehmer Gedanke ist, wechselt Fetisch jetzt das Thema, erzählt, wie er, wenn er mit seinem Hund durch den Grunewald spaziert, manchmal stehenbleibt vor so einer Villa und in den Garten guckt, und wenn er einer netten Familie beim Nettsein eine Weile zugeschaut hat, denkt er, daß es doch ein bißchen grüner ist auf der anderen Seite des Zauns.

Aber wenn er die Wahl hätte, sagt Fetisch, und draußen stünde ein einziger Koffer mit seinen liebsten Kleidungsstücken drin und ein Mobiltelephon, auf dem die Nummern seiner Freunde eingespeichert sind, dann würde er auch heute auf dieser Seite bleiben. Natürlich hat er ein bißchen mehr als einen Koffer, er hat ein Apartment am Leipziger Platz, dort, wo es nur Neubauten gibt, dort, wo Berlin absolut anonym ist, da, wo außer Hotelgästen kaum jemand wohnt und schon gar nicht einer, den Fetisch kennt oder kennenlernen möchte, er hat da ein Bett und einen Sessel, Fernseher, Waschmaschine und Geschirrspüler, ein paar Bilder an den Wänden, und genau so muß es sein. Im Moment jedenfalls, die nächsten paar Jahre, so lange er noch nicht alt ist, so alt wie sein Vater, den er neulich, nach dreißig Jahren, wieder getroffen hat. Ich habe deine Erziehung dem Herrn überlassen, hat der Vater gesagt, und was Fetisch dann noch in Erinnerung geblieben ist, das war der Gedanke, daß er mit siebzig nicht einsam sein will, nicht alleine mit seinem Hund durch die Berliner Straßen tapsen. Zum Glück hat er neulich in der Zeitung eine sehr beruhigende Geschichte über Wohngemeinschaften für ältere Menschen gelesen, das wäre es doch, das wäre eine Möglichkeit für ihn, falls er nicht doch noch auf die andere Seite des Zaunes steigt.

Auch auf seiner Seite geht es jetzt, wenn er nicht gerade auflegt, etwas ruhiger zu. Dieses Gefühl, das er mit siebzehn hatte und vielleicht auch noch mit siebenundzwanzig, dieses Gefühl, daß man ja morgen noch Rock Hudson werden kann, Sigmund Freud oder Fidel Castro, daß es heute aber nichts Wichtigeres als die nächste Party gebe, dieses Gefühl unendlicher Möglichkeiten, die man unendlich vor sich herschieben kann: Das, sagt Fetisch, ist mit vierzig längst vorbei. Aber daß er nicht mehr den Nobelpreis in Physik oder den Geschwindigkeitsweltrekord für Düsenflugzeuge holen wird, darüber muß er nicht traurig sein. Man hat vielleicht weniger Träume mit Anfang vierzig, sagt Fetisch, aber dafür hat man mehr realistische Optionen, man hat eben schon etwas erreicht, und deshalb traut man sich zu, auch das nächste Ziel zu erreichen, und wenn das nicht der Nobelpreis ist, sondern nur ein bestimmter Sound im nächsten Song, dann ist das halt der Unterschied zwischen einem Traum und einer Option.

Daß er älter geworden ist, merkt Fetisch an den kleinen Dingen. An den drei Tagen, die er braucht, um nach einem großen Besäufnis wieder auf die Beine zu kommen. An den Dingen und Menschen, die verschwunden sind, und an der Traurigkeit, mit der er daran denkt, statt sich auf neue Dinge und Menschen zu freuen. Das alte Schumann's, die Bar in München, das war so etwas Verläßliches, es ist ein Jammer, daß es das nicht mehr gibt. Und manchmal, wenn er nicht auf seine Turntables schaut, sondern ins Publikum, manchmal möchte er fragen, er weiß nur nicht, wen: »Wo sind denn all die Leute geblieben? Es war doch so herrlich, als alle in einem Raum waren.« Die Antwort gibt ihm der Freund, der, wenn Fetisch ausgehen will, zu Hause bleibt und aufs Kind aufpaßt, der Freund, der nicht mitkommt, weil er um halb sieben schon wieder aufstehen muß, der Freund, der inzwischen draußen wohnt, auf der anderen Seite des Zauns, und es zu mühsam findet, für zwei, drei Drinks in die Stadt zu kommen.

Es gibt Tage, da beneidet er seine Freunde darum, daß sie Verantwortung übernommen haben. Es gibt Tage, da wird er den Verdacht nicht los, daß, wo er ist, draußen ist, und die anderen sind drinnen. Und dann überlegt er sich doch, ob er sich nicht ein Häuschen kaufen soll, auf dem Land, in der Nähe von Berlin; es würde vielleicht 150 000 Euro kosten, die könnte er schon zusammenkriegen. Und natürlich gibt es Nächte, da sind all diese komischen Gedanken wieder weg, weil er sich unter lauter 29jährigen wiederfindet und sieht, die sind letztlich auch nicht jünger als er.

Was Fetisch von denen unterscheidet, ist nicht das Alter, sondern etwas, das er seine Behinderung nennt. Ja, sagt er, er müsse sich wohl eingestehen, daß er eine Art von Behinderung habe, das sei es, warum er zweimal in seinem Leben so furchtbar abgestürzt sei. Beim erstenmal war er um die dreißig, beim zweitenmal vierzig, er hat Drogen genommen, und fast hätte er es nicht überlebt.

Es ging ihm nicht gut, so kam er an die Drogen, und auf Droge ging es ihm erst recht nicht gut, also hat er sich noch höhere Dosen gegeben, um zu vergessen, wie mies das Leben mit der Droge war, und die Konsequenz, die er dann doch nicht daraus gezogen hat, wäre die Dosis gewesen, die einen das alles vergessen läßt, die tödliche Dosis. Aber knapp, sagt Fetisch, war es schon, und beim erstenmal war alles so schlimm, weil er den dreißigsten Geburtstag auf sich zukommen sah, die große Drei, vor der er viel mehr Angst hatte als vor der großen Vier, mit dreißig, dachte Fetisch, wäre das Jungsein vorbei, und etwas anderes als jung zu sein, dachte Fetisch, könne er doch nicht, und daß er wieder auf die Beine kam, war harte Arbeit, und daß er auf den Beinen blieb, lag daran, daß er in London endlich damit anfing, Musik nicht bloß aufzulegen, sondern selbst zu produzieren.

Und beim zweitenmal war es noch schlimmer, schon weil es das zweite Mal war, du wirst asozial und abgestumpft, sagt Fetisch, du hast keine Freunde mehr, weil du an nichts anderes als ans Drogennehmen denken kannst, und dann kannst du nicht mehr arbeiten – und das war es auch, warum Fetisch die Kraft fand, wieder aufzuhören. Er wollte arbeiten, er brauchte seine Arbeit, er arbeitet gern und viel. Auch wenn er, wie er mittags im Café sitzt und überhaupt keine Eile und keinen Streß zu kennen scheint, auf den flüchtigen Betrachter womöglich eher den Eindruck eines sehr späten Studenten oder eines glücklichen Frührentners macht.

Gegen sieben, erzählt er, steht er auf, zieht sich an und ruft ein Taxi, den Hund hat er auch dabei, und dann fahren sie erstmal zum Kudamm, Ecke Schlüterstraße, wo Fetisch sich mit Kaffee und Croissants versorgt, und dann weiter, mit dem Taxi, in den Grunewald, wo Herr und Hund ihren Morgenspaziergang machen. Danach mit dem Bus zurück, vorbeischauen bei einem Freund, der am Halensee wohnt, ein Besuch beim Agenten in der Kantstraße, ein Kaffee und die Frage, ob es etwas zu besprechen gebe, danach Kunst-Werke, Mittagspause oder gleich ins Studio. Fetisch ist einverstanden mit diesem Lebensstil und mit seiner Stadt, jedenfalls, solange er fast jedes Wochenende herauskommt. Daß diese Stadt, in der er geboren wurde und aus der er immer wieder floh, weil er dorthin wollte, wo, wie er es ausdrückt, »es passierte«, daß diese Stadt jetzt, nach Ansicht seiner Londoner und New Yorker Freunde, der Ort sein soll, wo »es passiert«, das findet er, einerseits, ein seltsames und tolles Gefühl, und andererseits weiß er natürlich, daß es der absolute Schwachsinn ist, und wenn es niemanden mehr gäbe, der ihm die Flüge und die Spesen und ein Honorar fürs Auflegen in den Clubs zahlte, dann, sagt Fetisch, würde er sich vermutlich überlegen, an einen weniger provinziellen Ort zu ziehen.

Vorerst ist es aber gut, so wie es ist – und dann, nach zwei sehr entspannten Stunden, muß Fetisch weiter, Interview geben, die Popjournalisten wollen mit ihm über das neue Album von Terranova sprechen, und der einzige Zweifel, der Fetisch in diesem Moment plagt, ist der, ob das Album womöglich ein bißchen zu populär geworden ist.

Der Weltgeist in der Pubertät

I.

Im frühen Sommer des Jahres 1774, um die Zeit also, da auf der Südhalbkugel der Winter begann, nahm die Expedition von Captain Cook endlich Kurs auf jenen Teil des großen Ozeans, den man schon damals die Südsee nannte. Cook war, auf dieser, seiner zweiten großen Reise, an deren Ende er als erster die Erde in west-östlicher Richtung umsegelt haben würde, lange im antarktischen Meer unterwegs gewesen; die Expedition hatte Station in Neuseeland gemacht, und jetzt segelten sie in Richtung Norden, wo Luft und Wasser wärmer waren, und noch immer suchten sie, im Auftrag Seiner Majestät, die sagenhafte »terra australis«, um sie für England in Besitz zu nehmen. Zwei Schiffe hatte Cook unter seinem Kommando, auf der »Adventure« litten die Männer am Skorbut, auf dem Flagschiff, der »Resolution«, waren es bloß Langeweile und der Umstand, daß sie des Sauerkrauts, des Pökelfleisches und der Kälte überdrüssig waren, was die Männer plagte. Und an Bord der »Resolution« war auch Georg Forster, der neunzehnjährige Deutsche, der später einen sehr schönen und genauen Bericht über diese Reise schrieb.

Es sei ein Morgen gewesen, wie ihn »schöner schwerlich je ein Dichter beschrieben« habe, schwärmt Forster von dem Tag, an dem sie endlich vor Tahiti ankerten. Die Eingeborenen, kaum hätten sie die Fremden erblickt, seien in ihre Boote gestiegen und zu den Schiffen gefahren, sie hätten Brotfrüchte und Kokosnüsse mitgebracht und gegen die Nägel der Seeleute eingetauscht, sie seien so freundlich wie friedlich an Bord gekommen, voller »Zutrauen«, wie Forster schreibt, es war »so viel Sanftes in ihren Zügen als Gefälliges in ihrem Betragen«; und schließlich, nachdem er ihnen eine Weile zugeschaut hat, kommt er zu folgendem Zwischenergebnis: »Das ungewöhnlich sanfte Wesen, welches ein Hauptzug ihres Nationalcharakters ist, leuchtete sogleich aus allen ihren Gebärden und Handlungen hervor und gab einem jeden, der das menschliche Herz studierte, zu Betrachtungen Anlaß.«

Forster spricht hier nicht aus, was doch das Fazit jedes seiner Sätze ist – und wo immer die Expedition des Captain Cook auf dieser Reise den sanften und anscheinend glücklichen Bewohnern der Südsee begegnet, laufen seine Beschreibungen darauf hinaus: Im Vergleich zu den Europäern sind diese Menschen, die er nicht Wilde nennen mag, Kinder, glückliche, unschuldige Kinder, junge Menschen, die ihre Tage spielend verschwenden und vom Ernst des Lebens keine Ahnung haben und schon gar nicht einen Begriff.

Kinder glaubte auch Montaigne zu sehen, als er zum ersten und einzigen Mal einen amerikanischen Indianer erblickte. Als Kinder erschienen die Stämme im Inneren Afrikas, Südamerikas oder Neuguineas den Forschern und Kolonisatoren des 19. und frühen 20. Jahrhunderts, als brave Kinder, solange sie friedlich blieben – und wenn sie die Eindringlinge bekämpften, waren sie eben ungezogene Kinder. Mag sein, daß die Europäer sie um ihr Glück beneideten. Aber welcher Erwachsene beneidet nicht gelegentlich die Kinder um ihr Glück. Erzogen werden mußten diese Völker auf jeden Fall – und oft genug gezüchtigt und bestraft.

Es war keine Frage von Sympathie oder Antipathie, von Respekt oder Verachtung. Georg Forster, dem beim Schreiben (wie das Hans Eckart Rübesamen im Vorwort zur »Reise um die Welt« formuliert) Jean-Jacques Rousseau über die Schulter guckte, Forster mag beim Anblick dieser unschuldigen Kinder um den verlorenen Naturzustand getrauert haben. Montaigne freute sich eher seines Erwachsenseins. Und selbst Bartolomé de Las Casas erzählt in seinem »Bericht von der Verwüstung der Westindischen Länder«, daß jene spanischen Horden, die in den ersten Jahrzehnten des 16. Jahrhunderts die Ureinwohner der karibischen Inseln ausrotteten, ihre indianischen Gegner als Kinder, die den Krieg nur spielten, empfanden.

II.

Zweifellos lebten die Ureinwohner der karibischen Inseln, die Eingeborenen von Tahiti oder die Stämme der afrikanischen Savannen in einer anderen Zeit; sie hatten die Entwicklungsstufe ihrer europäischen Entdecker noch nicht erreicht – und womöglich war ja die Begegnung mit diesen anscheinend so kindlichen Völkern eine der Ursachen dafür, daß, lange bevor darauf philosophische Systeme gebaut wurden, die Vorstellung sich ausgebreitet hat, daß die Menschheitsgeschichte sich genau so gliedern lasse wie das Leben des einzelnen: in Kindheit, Jugend, Erwachsenen- und Greisenalter.

Das Modell taugte den Fürsprechern des Fortschritts so gut wie dessen Feinden. Jean-Jacques Rousseau verdammte das Erwachsenwerden als stetige Entfernung und Entfremdung vom menschlichen Naturzustand, den es endlich wiederzufinden gelte – und Voltaire, als er Rousseaus »Abhandlung über die Ungleichheit« gelesen hatte, schrieb an den Verfasser: »Wenn man Ihr Buch liest, möchte man am liebsten auf allen vieren laufen. Da ich aber diese Gewohnheit vor mehr als sechzig Jahren abgelegt habe, sehe ich mich zu meinem Bedauern außerstande, sie wieder aufzunehmen.«

Die Kindheit des Menschengeschlechts, das war für Georg Wilhelm Friedrich Hegel die griechische Antike gewesen, die glücklichste Zeit vielleicht, aber, in Hegels Augen jedenfalls, nicht die vernünftigste – und der Gang, den Hegels »Ästhetik« durch die Welt- und Kunstgeschichte unternimmt, ist auch eine Coming-of-age-Geschichte: der Weg des Weltgeists zu sich selbst und die Reise der Menschheit in eine erwachsene Existenz. Die Menschheitsjugend, wußte Hegel, war schön, aber jetzt war sie vorbei, und wer sich dagegen auflehnte, wer sich dieser vernünftigen Einsicht verschloß, wurde entweder, wie Hegels Jugendfreund Hölderlin, verrückt; oder er mußte, wie es Hegel den Dichtern des Sturms und Drangs empfahl, zur Vernunft notfalls gezwungen werden. Im modernen Staat, dem preußischen, zu dessen Denker der reife Hegel geworden war, regierte die Vernunft, und deshalb durfte man sich den idealen Bürger dieses Staates nur als Erwachsenen vorstellen. »Die poetische Gestalt des Lebens«, so referiert der Kunsthistoriker Beat Wyss in seiner Ästhetikgeschichte »Trauer der Vollendung« das Hegelsche System, »war alt geworden, man konnte sie nicht mehr künstlich verjüngen. Die Welt mußte jetzt begrifflich erklärt werden mit dem Grau eines vernünftigen Gedankens. Die Menschheit wurde reif für das Greisenalter. Die hellen Tage und der Überschwang der Jugend hatten den Griechen gehört; der Gegenwart blieb der Rentnerblick aus dem Fenster, auf die Tatsachen, die sich unumstößlich ereigneten. Dem Philosophen oblag es, mit verdrießlicher

Wachsamkeit im Zeitgeschehen die Gesetze der Vernunft aufzuspüren.«

Karl Marx war zwar optimistischer, kam aber, was das Erwachsenwerden der Menschheit angeht, zu ganz ähnlichen Ergebnissen. Daß die Griechen, trotz der indiskutablen Klassenverhältnisse in der Antike, so vollkommene Werke hinterlassen hatten, erklärte sich auch Marx damit, daß sie die Jugend der Menschheitsgeschichte verkörperten, eine Jugend, der Marx nicht nachtrauern wollte: »Daß die unreifen Verhältnisse, unter denen sie entstand und allein entstehen konnte, nie wiederkehren können«, das mußte jeder vernünftige Mensch verstehen. Erwachsen war der Mensch der Gegenwart, und seine Reife bewies er, anders als bei Hegel, nicht dadurch, daß er die herrschenden Verhältnisse als vernünftig begriff. Der Proletarier würde zum Mann werden, wenn er die unvernünftigen Verhältnisse stürzte.

Man muß weder Hegelianer sein noch Marxist, man muß noch nicht einmal Kants Antwort auf die Frage, was Aufklärung sei, zitieren können, jenen Satz, wonach Aufklärung der Ausgang des Menschen aus seiner selbstverschuldeten Unmündigkeit sei, was ja nichts anderes heißt, als daß der Mensch erst durch die Aufklärung mündig, also erwachsen geworden ist – man muß sich für Geschichtsphilosophie überhaupt nicht interessieren; und doch ist die Analogie von Lebensalter und Menschheitsalter in den meisten westlichen Köpfen präsent und wird nicht weiter in Frage gestellt. Zu selbstverständlich erscheint es den meisten von uns, daß der Mensch der Antike reifer als der Mensch der Steinzeit war; daß der Mensch der Neuzeit erwachsener als der antike Mensch war und daß wir Bewohner der Moderne, die wir uns endlich an Demokratie und Menschenrechte, an Toleranz und Liberalität gewöhnt haben, unsere Urgroßväter und -mütter, die oft so fanatisch waren oder verbohrt, verklemmt und abergläubisch, daß wir also unsere Vorfahren an Reife weit übertreffen. Und wenn in den nächsten Jahrzehnten, weil zu wenig Kinder geboren werden, das Durchschnittsalter der westlichen Gesellschaften rapide steigt, dann, so mag mancher befürchten, hat zumindest dieser Teil der Menschheit endlich auch phylogenetisch das Greisenalter erreicht.

Diese gute alte Analogie aber, so hat Robert Pogue Harrison in dem Essay »Wie alt sind wir?« geschrieben, sei »nicht raffiniert genug, um der Menschheitsgeschichte gerecht zu werden«. Das zeitgenössische Amerika, so ist ihm aufgefallen, sei jünger oder zumindest jugendlicher, als es das puritanische war, also: neugieriger, aufgeschlossener, dynamischer. Genau so verhalte sich das demokratische Athen zum archaischen. Die Renaissance, um ganz hegelianisch auch die Kunstgeschichte heranzuziehen, sei dem Fremden, der aus dem gotischen Frankreich kam, beunruhigend jugendlich erschienen, die Romantik sei jünger als die Klassik, und die Moderne übertreffe an Jugendlichkeit ohnehin alles, was die Kunstgeschichte zuvor gesehen habe. Und wenngleich Harrison eingesteht, daß es keine geraden Linien in der Kulturgeschichte gibt, scheint ihm doch eine Entwicklung evident zu sein: »... im Falle der westlichen Zivilisation existiert ein breiter, umkehrbarer, irgendwie chaotischer, aber dennoch unterscheidbarer Trend in Richtung kultureller Jugendlichkeit.« Hätte Harrison recht, dann hätte er Hegel vom Kopf auf jene vier Beine gestellt, auf welchen das Menschentier aus dem Rätsel der Sphinx nur am Morgen geht. Hätte Harrison recht, dann wäre die Weltgeschichte ein Jungbrunnen und der Zivilisationsprozeß das erfolgreichste aller Anti-aging-Programme.

Jugendlichkeit läßt sich nicht ganz so eindeutig messen wie die Stromstärke oder die Temperatur, Jugendlichkeit gehört eher zu den gefühlten Größen – und trotzdem läßt sich einigermaßen sicher sagen, daß das revolutionäre Frankreich jugendlicher war als das Frankreich des ancien régime; daß das revolutionäre Rußland jünger als das zaristische war; daß Italien zur Zeit der Renaissance dynamischer, offener, neugieriger war als das Italien des Mittelalters. Aber das bringen Revolutionen und Epochenbrüche eben mit sich, daß das starre Alte gestürzt wird, damit sich das dynamische Neue endlich entfalten kann. Und schon die Frage, ob das Römische Kaiserreich wirklich jugendlicher als die Römische Republik gewesen sei, läßt sich so leicht nicht mit Ja beantworten, und wenn man den historischen Bogen noch weiter spannt, wenn man, nur zum Beispiel, fragt, was denn jugendlicher gewesen sei, das Reich der Römer oder das der Spanier, das elisabethanische oder das friderizianische Zeitalter, dann möchte man dem Weltgeist keinen großen Erfolg bei seiner Verjüngungskur bescheinigen.

III.

Harrison hat recht – aber der von ihm konstatierte breite Trend in Richtung kultureller Jugendlichkeit zieht sich wohl nicht durch die ganze Weltgeschichte; er ist ein Phänomen der Moderne, und am deutlichsten zeigt sich dieser Trend in den Vereinigten Staaten von Amerika. Als die Amerikaner, im Jahr 1960, John F. Kennedy zum Präsidenten wählten und Richard Nixon eben nicht, da entschieden sie sich weniger für ein politisches Programm als für die Jugend dieses Kandidaten; sie entschieden sich für die Jugend Bill Clintons und gegen den alten George Bush, sie haben in der zweiten Hälfte des 20. Jahrhunderts nicht immer, aber doch am liebsten, den jugendlicheren Kandidaten gewählt, was sogar für Ronald Reagan gilt, der zwar bei beiden Wahlen, die er gewann, älter als sein Gegenkandidat war; aber Reagan, der Schauspieler, hatte natürlich in Hollywood gelernt, daß auch Jugendlichkeit eher eine Frage der Haltung und der Selbstinszenierung ist als eine des Datums auf der Geburtsurkunde.

Daß die Deutschen, die doch das am konsequentesten amerikanisierte Volk Europas sind, sich so lange von dem greisenhaften Konrad Adenauer und dann noch länger von dem Patriarchen Kohl regieren ließen, das widerspricht nur auf den ersten Blick dem großen Trend und erklärt sich aus den Trümmern, auf welche die amerikanisierte Bundesrepublik gebaut wurde. Die Deutschen hatten 1933 die monströseste Jugendbewegung des Jahrhunderts an die Macht gebracht – die Nationalsozialisten, darauf hat der Historiker Götz Aly hingewiesen, waren sehr junge Männer im Vergleich zum Establishment der Weimarer Republik; und ihr Erfolg in den ersten Jahren des »Dritten Reichs« hatte auch darin seine Ursache, daß sie mit brutaler und rücksichtsloser jugendlicher Energie an jene Probleme gingen, an welchen die alten Männer gescheitert waren. Daß diese Energie dann Abermillionen Menschen das Leben kostete, weite Teile Europas verwüstete und die deutschen Städte als Schutthaufen hinterließ: Das machte vermutlich die Nachkriegsdeutschen ein wenig skeptischer gegen jenen Trend, der sich aber seit den frühen Sechzigern trotzdem durchzusetzen begann.

Die Bundeskanzler Kurt Georg Kiesinger, Willy Brandt, Helmut Schmidt und auch der junge Helmut Kohl: sie alle waren keine Kennedys oder Clintons, aber sie repräsentierten auch nicht mehr die Herrschaft der Alten; und daß der alte Kohl, der im Jahr 1990 eigentlich fällig gewesen wäre, dann doch wiedergewählt wurde, lag nur an jenen Ostdeutschen, die gerade ihre sozialistische Gerontokratie losgeworden waren und offenbar keinen allzu harten Bruch wünschten.

»Ohne das Biotop USA wäre die Aufklärung eingegangen; ein präkolumbianisches Europa heute wäre wohl ein verkrustetes, verzanktes Staatengebilde altstalinistischer, technofaschistischer und gerontosklerotischer Karikaturen von Jean-Jacques Rousseaus ›Gesellschaftsvertrag‹«, schreibt in seinem wunderbaren Essayband »Die Welt als T-Shirt« der Kunsthistoriker Beat Wyss – und in den Ländern Europas, die sich der Amerikanisierung widersetzten, sah es ja fast so schlimm aus. Wer sich heute noch erinnern kann an die Bilder von Breschnew, Gromyko und all den anderen Greisen aus dem Zentrum der Sowjetmacht; wer Erich und Margot Honecker, Willi Stoph und Erich Mielke nicht ganz vergessen hat; wer sich zumindest eine ungefähre Erinnerung bewahrt hat an die uralten Männer, die noch in den achtziger Jahren in Polen und der Tschechoslowakei regierten; wer vom Gedanken an ein Gespenst wie Rumäniens Herrscher Nicolae Ceaucescu noch heute das Grausen kriegt: Der wird verstehen, daß der Sozialismus auch daran zugrunde ging, daß er das Volk nicht mit genügend Jugendlichkeit versorgte.

IV.

Daß die ersten Überschüsse des Produkts Jugendlichkeit aus Amerika kamen, das wird schnell klar, wenn man zurückblickt auf die Zeit vor der Amerikanisierung Europas, auf die Bilder und die Töne der Zwischenkriegszeit – und daß die meisten dieser Bilder sich in Filmen finden, daß es fiktionale Bilder sind, schränkt deren Aussagekraft nicht ein. Ganz im Gegenteil, Filmbilder sind Selbstbilder, und das Selbstporträt, das die deutsche Gesellschaft der zwanziger und dreißiger Jahre in ihren Filmen zeichnete, war das eines Landes, in dem alle Macht bei den alten Männern war. Emil Jannings und Heinrich George waren die großen Stars, Männer, die sich mit ihren schweren Bäuchen und den dicken Westen darüber gegen alles, was wie Jugend und Dynamik aussah, gepanzert hatten; und wenn sie selber jemals jung gewesen waren, dann hatten sie die Erinnerung daran unter ihren Bergen von Fleisch vergraben. Wer jung war in diesen deutschen Filmen, war zur Infantilität verdammt; die jungen Männer hatten nichts zu melden, sie waren nicht neugierig, kraftvoll, tatendurstig, sondern eher manisch-depressiv. Am besten offenbart sich das Prinzip in Fritz Langs »Metropolis«, wo die Macht über die ganze Stadt dem alternden Mann Joh Fredersen gehört; und sein Sohn Freder taugt nicht wirklich zum Gegenspieler, weil er den Kopf so voller Flausen hat und vor lauter Sentimentalität kaum die Kraft zum Handeln findet. Die fröhliche Variante dieses Typus verkörperte Heinz Rühmann, ein Mann, dessen Komik immer ins Infantile abglitt; die »Feuerzangenbowle« war eine monströse Regressionsphantasie, und in »Bomben auf Monte Carlo« schlug Rühmann, zusammen mit Hans Albers, in einer betrunkenen Nacht alles kurz und klein. Und am nächsten

Morgen wollten sie, wie die Kinder, es nicht mehr gewesen sein.

Daß selbst die Frauen des deutschen Films, die Lil Dagovers, Pola Negris und Henny Portens von außen etwas seltsam aussahen, das beweist ein Artikel aus der »New York Times«, in dem es, im Frühjahr 1921, um die Chancen deutscher Filme beim amerikanischen Publikum ging: »Don't fear German films. In Germany many of the important films are too gruesome for the American public. The actresses who appear in many of the films are not young and beautiful enough to satisfy Americans.«

Der Stil war anders in den bewegten Bildern aus England und Frankreich, aus Italien und der Sowjetunion – aber in all diesen Ländern kam jener Typus kaum vor, den das europäische Publikum so richtig erst in den Filmen aus Amerika kennenlernte: der Typus des jugendlichen Erwachsenen oder des erwachsenen Jugendlichen, der Typus des Helden (oder Schurken), der jugendlich handelte, also ohne große Rücksicht auf Traditionen und Institutionen, der Typus, der neugierig, dynamisch und hemmungslos seine Ziele verfolgte. Und der doch durch und durch erwachsen war, weil er, anders als vor allem seine deutschen Zeitgenossen, jederzeit die Verantwortung für seine Taten und Unterlassungen übernahm. Es waren der junge Clark Gable und der junge Gary Cooper, es waren James Cagney und Joel McCrea, die diesen Typus ideal verkörperten, und am erstaunlichsten war es wohl für ein europäisches Publikum, daß es diesen Typus auch bei den Frauen gab, daß die junge Barbara Stanwyck und die junge Joan Crawford, Jean Harlow und Clara Bow genauso selbständig, entschlossen und dynamisch handelten wie ihre männlichen Altersgenossen.

Die bevorzugte Tonlage der deutschen Kinohelden in der

116

frühen Tonfilmzeit war der Tenor, der sie fast kindlich und in jedem Fall sehr unreif klingen ließ und den tieferen Stimmen der alten deutschen Männer zu noch mehr Autorität verhalf. Die jungen Männer aus Amerika sprachen im Bariton, was sie, einerseits, reifer und männlicher machte. Und andererseits schienen sie über solch unbegrenzte Ressourcen an Jugend zu verfügen, daß man, im Grunde, schon dem blutjungen Gary Cooper ansehen konnte, daß aus ihm niemals ein alter Mann vom Schlage Emil Jannings' oder Heinrich Georges werden würde.

Der Typus kam in jenen Jahren nach Europa, in denen Amerika nach Europa kam, nach dem Zweiten Weltkrieg, als die Soldaten der U.S. Army außer Zigaretten, Kaugummis und dem, was deutsche Eltern gern »Negermusik« nannten, auch diesen neuen Habitus mitbrachten – und daß es mehr als anderthalb Jahrzehnte dauerte, bis dieser Habitus sich auch in Deutschland durchsetzen konnte, lag wohl daran, daß, wer erwachsen genug für den Krieg gewesen war, zu alt daraus zurückkam, als daß er die amerikanische Art, jung zu sein, noch hätte lernen können. Man mußte sehr, sehr jung sein, um dann jung bleiben zu können wie ein Amerikaner.

Es war der Europäer Vladimir Nabokov, der die Differenz, bevor sie verschwand, noch einmal vermessen hat, in »Lolita«, dem Roman, der nicht nur von der Liebesaffäre eines Europäers zu einem viel zu jungen amerikanischen Mädchen erzählt, sondern auch von der Affäre, die Europa mit Amerika hat. Humbert Humbert, Nabokovs Held, der alte Europäer, liebt Lolita, das Mädchen, das noch ein Kind ist und zugleich schon eine erwachsene Frau, und wenngleich der Roman ihr Alter exakt angibt – sie ist zwölf, wenn alles anfängt, und zu ihrem dreizehnten Geburtstag schenkt ihr Humbert Humbert einen Prachtband von Andersens »Kleiner Seejungfrau« –, geht es weniger um verbotenen Sex als um die Faszination, die von diesem jungen Menschen ausgeht, einem Mädchen, das auf geradezu aufreizende Art ganz frei von Erfahrung und Erinnerung ist, unberührt auch von Traditionen und all jenen Formen des Wissens, die ihren Anker in der Vergangenheit haben, einem Mädchen, das trotzdem kein Kind mehr ist und ganz genau weiß, was es tut, wenn es den erwachsenen Mann verführt: Lolita ist die jugendliche Erwachsene, die erwachsene Jugendliche, die prototypische Amerikanerin also – ins Extrem gesteigert. Lolita ist das Unglück des Europäers; um mit ihr glücklich zu werden, müßte er so sein wie sie. »Lolita«, hat Nabokov geschrieben, sei seine Liebesaffäre mit der englischen Sprache; es ist ein durch und durch europäischer Roman, und als er 1955 erschien, war die Amerikanisierung Europas in vollem Gange.

Denn Amerika verkörpert als Nation, was, von Clark Gable bis zu Dolores Haze (wie Lolita mit bürgerlichem Namen heißt), die Helden der amerikanischen Kultur repräsentieren. Amerika hat (um noch einmal Harrisons Gegensatzpaar zu zitieren) eher Geist als Weisheit, es ist eher dynamisch, neugierig und naiv als konservativ, bedächtig und geschichtsbewußt. Und selbst da, wo die Amerikaner ihre Traditionen ehren, ihrer Geschichte gedenken und Denkmäler für ihre Väter bauen, selbst da sieht es so aus, als ob die Gegenwart bloß für einen kurzen Moment ihre Scheinwerfer in die Vergangenheit richtete. In Europa wirft die Vergangenheit ihre Schatten auf die Gegenwart.

Natürlich hat die Jugendlichkeit Amerikas viel damit zu tun, daß, wer dort ankam, irgendwann seine irische, italienische oder deutsche Vergangenheit vergessen und verdrängen mußte, wenn er ein Amerikaner werden wollte. Natürlich hat diese Jugendlichkeit etwas mit der Weite dieses Landes zu tun, das Tatkraft und Dynamik herausforderte und in dem die Mahnmale des Vergangenen, die Tempelruinen, Burgen und Kathedralen, völlig fehlen. Und natürlich ist das »Streben nach Glück«, das schon in der Unabhängigkeitserklärung zum Menschenrecht erhoben wurde, eine Selbstverpflichtung zur Jugendlichkeit. Aber daß Amerikas Jugend zum erfolgreichen Exportartikel werden konnte, das hat nicht nur mit Amerikas Geographie, Mythologie und Demographie zu tun. Sondern vor allem mit Amerikas Ökonomie.

V.

Amerikas Triumph in Europa fällt zusammen mit Amerikas Schande in Asien – und wenn Geschichte ironisch sein kann, dann war sie es in dem historischen Moment, als ausgerechnet jene, die in den Berliner und Pariser Straßen brüllten »Yankee, go home!« und »Ho-Ho-Ho-tschi-minh«, jene, die Amerikahäuser mit Eiern bewarfen und ein sogenanntes Pudding-Attentat gegen den Vizepräsidenten planten, als genau diese Leute, die Studenten und Hippies der späten sechziger Jahre, die Amerikanisierung Westeuropas vollendeten. Sie kämpften gegen den Krieg in Vietnam. Sie waren gegen die Ausbeutung der Dritten Welt. Sie wollten auch die Ausbeutung des Menschen durch den Menschen im eigenen Land beenden. Aber das Proletariat in Westeuropa wollte sich nicht von den Studenten befreien lassen; und was Vietnam und die Dritte Welt angeht: Da war der Gegner abstrakt und schwer zu fassen, und ein paar Eier und Transparente beeindruckten ihn kaum. Viel aussichtsreicher und konkreter, viel näher an der Lebenspraxis junger Menschen war daher der

Kampf gegen die alten Institutionen und Traditionen, gegen Familie, Kirche und Staat, gegen das Treuegebot der bürgerlichen Ehe, gegen die Verpflichtungen, die mit Herkunft, Bildung, Glaubensbekenntnis verbunden waren. Das alles nämlich wirkte repressiv (wie man damals sagte); das alles hinderte den Menschen an seiner freien Selbstverwirklichung (wie man noch immer sagt).

Das war der Denkfehler der Studentenrevolte – und zugleich die Bedingung ihres Erfolgs: Die Studenten glaubten, daß die alten Institutionen nur Inkarnationen des verhaßten kapitalistischen Systems seien und die alten Traditionen nur dazu gut, die Herrschaft des Menschen über den Menschen bis ins Innerste des privaten Lebens zu verlängern. Familie und Kirche, Schule und Universität, so ungefähr ging die Hypothese, schufen erst jene beschädigte Persönlichkeit, die der Unterdrückung und Ausbeutung durch den Kapitalismus keinen Widerstand mehr entgegenzusetzen hatte.

Die Studenten bemerkten ganz richtig, daß all die Institutionen und Konventionen im Dienst jener Macht standen, die Harrison die Weisheit nennt, daß tatsächlich sie es waren, die sich gegen den breiten Trend in Richtung Jugendlichkeit stemmten. Daß sie aber auch im Dienst des Kapitalismus gestanden hätten; und daß sie schon deshalb paktiert hätten mit den bösen Mächten aus Amerika: Das war ein folgenreiches Mißverständnis. Wer die Familie wichtiger als seinen Job nahm, war nicht mobil genug für den modernen Kapitalismus. Wer seinen christlichen Glauben ernst nahm, war für Sonntagsarbeit so wenig zu haben wie für die rein materiellen Heilsversprechungen der Werbung. Wer Wert legte auf Tradition, Herkunft, Bildung und Manieren, der verschloß dem Kapitalismus wertvolle Potentiale.

Es war die List der Geschichte, daß die Antikapitalisten

das Werk des Kapitalismus, die Antiamerikaner das Werk der Amerikanisierung besorgten. Die Revolte siegte auch deshalb, weil ihr, was sie als ihr eigentliches Ziel ausgab, nicht gelang. Die Ausbeutung des Menschen durch den Menschen wurde nicht abgeschafft, aber von der Macht der Kirchen und der Traditionen, von der Wertschätzung der Familie und der Konventionen blieb nicht genug übrig, als daß diese der Jugendlichkeit in ihrer amerikanischen, also in der selbstbewußten und absolut gegenwartsversessenen Variante etwas hätten entgegensetzen können.

Der Sieg dieser Jugend war eine wirtschaftliche Notwendigkeit. Der Kapitalismus hatte kein Interesse mehr an Anpassern, Ordnungsfanatikern und Leuten, deren Weltbild spätestens mit dreißig schön gerahmt und hinter dickem Glas an der Wand hing und nicht mehr verrückt und verschoben werden durfte. Der Kapitalismus brauchte jene jugendlichen Erwachsenen oder erwachsenen Jugendlichen, deren Denken und Handeln in keiner dunklen Vergangenheit mehr verankert war. Die Personalchefs stellten lieber Clark Gable und Gary Cooper als Emil Jannings und Heinrich George ein.

Das alles muß uns nicht betrüben. Wir sollten aber nie vergessen, daß auch der Kapitalismus eine Quelle unserer heutigen Jugendlichkeit ist.

Begnadete Körper

Als ich Rene Russo am Strand sitzen sah, im Liegestuhl, mit nichts als einem Hut auf dem Kopf und einer schwarzen Bikinihose um die Hüften, als ich sah, wie sie in die Sonne schaute und blinzelte und dann lächelte mit ihrem breiten Mund: Da hätte ich heulen können vor Rührung und vor Glück und wäre am liebsten durch die Leinwand in den Film gesprungen und hätte mich bei ihr persönlich bedankt. Es war nicht so, daß ich zum erstenmal ein paar nackte Brüste gesehen hätte, und es war egal, ob das die schönsten waren oder ob sie echt waren, und es ging schon gar nicht darum, daß der Mann, für den sie lächelte, der grauenhafte Pierce Brosnan war. Sie saß da und war schön und begehrenswert, sie sah jung aus, und das wußte sie, und es war, als ob sie davon noch schöner würde.

Sie war fünfundvierzig.

Und ich war gerade vierzig geworden und wartete darauf, daß demnächst alles auffliegen würde.

Es war Sommer, und es hatte sich nicht viel verändert seit dem Sommer, in dem ich neununddreißig war. Ich war mit derselben Frau verheiratet, und ich liebte sie nicht weniger. Wir stritten, worüber wir auch im Jahr zuvor gestritten hatten, und wir lachten über die gleichen Leute. Ich hatte denselben Job, dieselben Freunde, dasselbe Stammlokal, und die paar

122

Platten, die ich mir in diesem Jahr gekauft hatte, konnten meinem Geschmack keine neue Richtung mehr geben. Meine Anzüge saßen wie immer, meine Loafers trug ich auch in diesem Sommer ohne Strümpfe, und wenn ich, samstags oder sonntags, einen Nachmittag lang in der Sonne war, wurde ich braun und bekam keinen Sonnenbrand.

Es war gut.

Es war aber auch vorbei.

Ich fühlte mich nicht besonders jung in diesem Sommer. Es fiel mir schwer, die Leitartikel in der Zeitung zu lesen, ich bekam immer schlechtere Laune davon, und erst im Herbst bemerkte ich, daß das nicht an den Leitartikeln und auch nicht an meiner Konzentrationsschwäche lag. Ich brauchte bloß eine Lesebrille.

Ich verdiente genug. Ich zahlte Beiträge für drei Lebensversicherungen und überlegte mir, eine Wohnung zu kaufen. Ich strebte nach einer gesetzten Existenz. Aber nach der dritten Wohnungsbesichtigung nervte mich das Geschwätz der Maklerin, und der Makler, an den ich danach geriet, war auch nicht besser, und ich dachte, zum Teufel damit, ich kann mir auch im nächsten Jahr eine Wohnung kaufen, oder im übernächsten, es war so unendlich langweilig, an die Altersversorgung zu denken, lieber dachte ich an Sex oder ans Schreiben, und dann setzte ich mich hinaus auf den Balkon und ließ die Sonne auf den nackten Bauch brennen, und zum vierten oder fünften Mal las ich den »Großen Gatsby«, in einem Zug, und wie immer las ich den letzten Satz mindestens dreimal. »So regen wir die Ruder, stemmen uns gegen den Strom – und treiben doch stetig dem Vergangenen zu.« Es war das richtige Buch für mich. Und die richtige Gesellschaft für mich waren Nick Carraway, der die Geschichte erzählt, und F. Scott Fitzgerald, der Nick Carraway erfunden hat, und mir fiel ein, daß sich Nick Carraway, auf Seite 136 der Scribner's Taschenbuchausgabe, am Abend eines hitzigen und unerfreulichen Tages in New York, daran erinnert, daß dies sein dreißigster Geburtstag ist. F. Scott Fitzgerald war, als er den »Großen Gatsby« schrieb, noch keine dreißig, und ich hatte nicht die kleinste Lust, die Ruder gegen den Strom zu stemmen. Ich ließ mich treiben, im breiten Strom einer Gegenwart, in der ich höchstens fünfunddreißig war.

Vielleicht war ich auch neunzehn. Oder vierundzwanzig.

In dem Jahr, in dem ich geboren wurde, kam Jean-Luc Godards Film »A bout de souffle« in die Kinos. Es war die Geschichte des Gangsters Jean-Paul Belmondo, der aus Versehen einen Mord beging, sich in eine Amerikanerin verliebte und am Schluß von der Polizei erschossen wurde. Als ich den Film zum erstenmal sah, war ich neunzehn, seither habe ich ihn mindestens fünfundzwanzigmal gesehen; ich kann die Dialoge mitsprechen, und ich verliebe mich jedesmal wieder in die Amerikanerin, die Jean Seberg spielt. »Ich bin vielleicht kein schöner Mann, aber ich bin ein guter Boxer«, sagt Belmondo einmal zu Jean Seberg, und dieser Satz hat mir mindestens fünfundzwanzigmal wenn nicht das Leben, dann auf jeden Fall die Laune gerettet. Als ich neunzehn war, kam mir Belmondo wie neunzehn vor, als ich vierundzwanzig war, war auch Belmondo vierundzwanzig. Solange dieser Film nicht veraltet, hoffte ich, als ich noch neununddreißig war, solange werde auch ich nicht alt. Und besonders liebte ich die Szene, in der Belmondo und Seberg über die Champs-Élysées spazieren, und ein Mädchen kommt und will ihnen die »Cahiers de Cinema« verkaufen. »Nein danke«, sagt Belmondo, und das Mädchen fragt: »Monsieur, haben Sie etwas gegen die Jugend?«

»Ja«, sagt Belmondo, »alte Leute sind mir lieber.«

Sehr komisch, dachte ich in diesem Sommer, in dem ich vierzig war. Man muß sehr jung sein, wenn man sich über die Jugend lustig machen will.

Man merkte mir noch nichts an. Nicht, daß ich besonders jung ausgesehen hätte. Aber alt sah ich eben auch nicht aus, und den Menschen um mich herum schien nicht aufzufallen, daß ich ein handfestes Form-Inhalt-Problem hatte. Ich steckte im falschen Körper. Ich würde jedenfalls bald im falschen Körper stecken, vielleicht ein, zwei Jahre gab ich mir noch, dann wäre meine Spaltung perfekt. Mein Alter, über das es nichts zu diskutieren gab, würde seine Spuren in mein Gesicht drücken und die Schläfen noch ein bißchen grauer färben. Die Schwerkraft würde meine Wangen nach unten ziehen, und gegen die Erschlaffung meiner Muskeln würden Hanteln und Liegestütze auf Dauer nicht helfen. Womöglich würde es mir stehen, wie vierzig auszusehen. Aber drinnen, hinter der vierzigjährigen Stirn, würden weiterhin die Gelüste eines Neunzehnjährigen und die Gedanken und Gefühle eines Anfangdreißigers das Sagen haben. Ich war verdammt dazu, als lächerliche Figur durch meine Zukunft zu laufen. Ich war, analog zu einem Transsexuellen, transsenil oder transjuvenil. Nur daß mir mit einer Operation nicht zu helfen war.

Rene Russo lächelte. Sie lächelte, und als ich begriff, was sie mir damit sagen wollte, lächelte ich zurück. Ich vergaß mein Form-Inhalt-Problem. Wenn fünfundvierzig so aussah wie Rene Russo, dann war ich vollkommen normal. Jung eben. Wofür ich mich nicht zu genieren brauchte.

Ich kannte Vierzig-, Fünfundvierzigjährige, die sahen auch ganz gut aus. Jung, fünfunddreißigjährig, attraktiv. Aber diese Leute kannte ich halt, und andere kannte ich nicht, und vielleicht suchte ich mir ja nur solche Bekannte, die so ähnlich waren wie ich. Mit Roland Koch, zum Beispiel, war ich nicht befreundet. Der war auch nur ein Jahr älter als ich, und wenn er die Gelüste eines Neunzehnjährigen hatte, dann versteckte er sie gut. Auf die persönliche Erfahrung konnte ich mich nicht verlassen. Um mich herum waren Freunde und Bekannte. Das war kein repräsentativer Ausschnitt aus der Gesamtbevölkerung.

Rene Russo in dem Film »The Thomas Crown Affair« dagegen: Das war ein amtliches, ein repräsentatives Bild. Getestet in vielen Previews. Bestätigt vom Markt. Geprüft von Hunderttausenden Zuschauern. Rene Russo mit fünfundvierzig, jung, sinnlich, gut gelaunt: Das war die Norm, darauf konnte ich mich verlassen.

II.

Um zu verstehen, warum wir so langsam und so anders altern, müssen wir uns mit der Frage beschäftigen, warum wir überhaupt altern. »Warum altern wir?« So hieß ein Aufsatz des amerikanischen Evolutionsbiologen Shane Greenup, den ich, als ich auf ihn stieß, schon deshalb gerne las, weil er so tröstlich anfing: »Die Menschen haben sich das Altern und die Unvermeidlichkeit des Todes in der Vergangenheit damit erklärt, daß es ›nur natürlich‹ sei; daß es der ›Spezies nütze‹ oder daß der ›Weg freigemacht‹ werden müsse für die nächste Generation. Wenn man sich die Tatsachen ein bißchen genauer ansieht, wird schnell klar, daß solche Erklärungen schlicht falsch sind. In einer natürlichen Umgebung sterben die Organismen, weil sie gefressen werden, sie sterben an Unfällen, Hunger, Krankheit und ähnlichem, lange bevor das Alter eine

Rolle spielt. Altern, als generelles Prinzip, ist ohne Bedeutung in der Natur.«

Leider, so erklärt Greenup nur zwei Absätze später, sei das genau der Grund, weshalb die Evolution weder die Langlebigkeit noch das rüstige Altern belohne: Im selektiven Prozeß geht es nur um die Fitneß zur Zeit der Paarung. Ob das attraktive Männchen, das begehrenswerte Weibchen sich auch später gut halten, ob sie ein langes Leben haben werden, das kann man erst erkennen, wenn es soweit ist – und dann ist, meistens, die fruchtbare Zeit vorbei.

Warum altern wir? Laut Greenup ist die Vorstellung, wonach da eine biologische Uhr ticke, die den Countdown unseres Lebens vorgebe, nicht nur naiv, sondern grundfalsch. Es gibt auch kein evolutionäres Programm, das unseren Verfallsprozeß steuert. Es gibt nur ein Programm, das uns wachsen und reifen läßt, bis wir, sozusagen, paarungsbereit sind. Und daß wir dafür so lange brauchen, daß unsere Jugend, im Vergleich zu allen anderen Tieren, von extremer Dauer ist: Das allerdings ist einer der besten Tricks der Evolution und die Ursache dafür, daß wir Menschen als ganze Spezies so jung geblieben sind.

Es war Louis Bolk, Anatom aus den Niederlanden und erklärter Gegner des Darwinismus im Allgemeinen und speziell der These Ernst Haeckels, wonach die Ontogenese die Phylogenese wiederhole, das menschliche Embryo also sämtliche Stufen in der Entwicklung der Arten durchlaufe – es war dieser Louis Bolk, der im Jahr 1920 darauf hinwies, daß es ganz handfeste anatomische und morphologische Argumente gegen Haeckels These gab. Bolk hatte die Anatomie des Menschen mit der seiner nächsten Verwandten, der Primaten, verglichen – und mehr als zwanzig Merkmale gefunden, in welchen der erwachsene Mensch dem jungen Affen, ja dem Affenembryo ähnlicher ist als dem erwachsenen Exemplar. Der runde Kopf, der große Zeh, der nicht abgespreizt werden kann; selbst unsere Gesichter, so fand Bolk heraus, ähneln denen von kindlichen Primaten – während die erwachsenen Menschenaffen so alte Züge haben, daß daneben selbst das Gesicht eines menschlichen Hundertjährigen sehr jugendlich wirkt. Der Mensch, so folgerte Bolk, sei ein Affe, dessen Entwicklung unendlich verzögert worden sei – Menschen bleiben ihr Leben lang »pädomorph«. Bolk nannte diese Verzögerung »Neotenie«; und seine wesentliche Erkenntnis brachte er auf diese Pointe: »Der Mensch ist in seiner körperlichen Entwicklung ein Primatenfötus, das sexuell reif geworden ist.«

Leider galt Bolk als Spinner, weshalb kaum jemand seine Entdeckungen ernst nahm und es mehr als fünfzig Jahre dauerte, bis Stephen Jay Gould, der amerikanische Evolutionsbiologe, Bolks Thesen in einen größeren evolutionsbiologischen Gesamtzusammenhang einbaute. Den Satz von der Ontogenese, welche die Phylogenese wiederhole, verwarf auch Gould. Aber anders als Bolk, für den Neotenie und Pädomorphismus in kategorischem Widerspruch zur gängigen Evolutionstheorie gestanden hatten, gelang es Gould, beides miteinander zu vereinbaren.

Der Mensch, so schreibt Gould in »Ontogeny and Phylogeny«, ist seinem Wesen nach neotenisch. Die verzögerte Entwicklung ist das entscheidende Merkmal der menschlichen Evolution – der Umstand, daß Menschenfrauen ihre Embryos so lange austragen; die vielen Jahre, die das Menschenjunge braucht, um geschlechtsreif und, halbwegs, erwachsen zu werden: Das alles habe dem Menschen einen evolutionären Vorteil verschafft. Neotenie ist nicht nur die Ursache für unsere pädomorphen Züge, für das Glück also, daß der Mensch in all seiner Unzulänglichkeit doch von allen Affen der schönste ist. Neotenie ist auch der Grund dafür, daß unsere Gehirne die Zeit hatten, auf ihre enorme Größe zu wachsen, der Grund für jene Intelligenz also, die uns noch deutlicher als unsere Schönheit von den Affen unterscheidet. Und weil dieser neotenische Mensch eben zwei Jahrzehnte oder mehr habe, fürs Leben zu lernen, lerne er vor allem das Lernen – er wisse, daß er sich nicht auf seine Instinkte verlassen kann, sondern daß neue Situationen auch ein neues Verhalten erfordern; und weil man relativ wenig von sich selber und das meiste von den anderen lernt, sei Neotenie auch der Grund dafür, daß wir soziale Wesen geworden sind, flexibler und anpassungsbereiter als unsere Vettern, die Primaten, die deshalb aus den tropischen Wäldern und Savannen auch nie herausgekommen sind.

Der Mensch, nach Stephen Jay Gould, ist also zum Menschen geworden, als er begann, seine Kindheit und Jugend immer weiter hinauszuzögern. Harrison hat Goulds Thesen auf diese Pointe gebracht: »Unsere Eigentümlichkeit als Spezies liegt in unserem Widerstreben, erwachsen zu werden.«

Das ist eine Aussage über den Menschen als Spezies; sie erklärt den Unterschied zwischen uns und den Affen – die Begründung für den Unterschied zwischen Rene Russo und ihrer Großmutter, die Erklärung für die kaum faßbare Jugendlichkeit einer Fünfundvierzigjährigen liefert sie nicht. Allerdings ist so eine schöne, elegante Theorie immer auch ein Einladung zur Spekulation: Kann es nicht sein, daß unsere Veranlagung zur Neotenie noch viel stärker ist, als sie sich bislang gezeigt hat? Kann es womöglich sein, daß erst jetzt, in der Zeit nach dem Zweiten Weltkrieg, als, in der westlichen Welt jedenfalls, die Bedingungen so günstig waren wie niemals zuvor in der Geschichte, in einer Zeit also, da weder Krieg noch übermäßig harte Arbeit, kein Mangel an Nahrung, Vitaminen, Licht und Luft und Raum zum Leben die Menschen plagten, daß sich da erst unser Widerstreben, erwachsen zu werden, ganz und gar entfalten konnte? Schon aus dem Grund, weil uns kein äußerer Zwang zum Erwachsenwerden nötigte?

Was für diese Spekulation spricht, zeigt der Blick über die Grenzen der Ersten Welt hinweg. In den ärmeren Ländern Asiens und Afrikas, in den abgelegenen Regionen Südamerikas, ja selbst an den Rändern des reichen Westens, in Osteuropa und in manchen vergessenen Gegenden des Südens ist der Trend zur verlängerten Jugendlichkeit noch nicht angekommen. Einen Bewohner Kurdistans, eine bolivianische Bergbäuerin, einen vietnamesischen Fischer werden wir, mit unseren Maßstäben im Kopf, immer für zehn bis fünfzehn Jahre älter schätzen. Der Feind des Westens, Osama bin Laden, wirkt älter als George Bush, dessen mächtigster Mann, obwohl er doch zwölf Jahre jünger ist. Und Hamid Karsai, Afghanistans Regierungschef, der so gut die Rolle des weisen Mannes spielen kann, ist nur acht Monate älter als Madonna.

Was gegen die These spricht, ist der Umstand, daß es ja auch in früheren Zeiten ein paar Menschen gab, die sehr viel und sehr gut zu essen hatten, wenig zu tun und so gut wie keine Sorgen. Trotzdem ist nichts überliefert darüber, daß, nur zum Beispiel, die Höflinge von Versailles, die Söhne und Töchter des britischen Landadels oder russische Großfürstenkinder länger jung geblieben wären als ihre bürgerlichen und proletarischen Zeitgenossen. Was aber auch an den hygienischen Verhältnissen und unzureichender medizinischer Versorgung gelegen haben könnte. Sauberkeit, so haben wir im 20. Jahrhundert gelernt, verlängert das Leben ganz enorm. Und wer mit fünfundzwanzig von Krankheiten geplagt wird, gegen welche es noch keine Mittel gibt, wird sich mit dreißig nicht mehr jugendlich fühlen.

III.

Immerhin, die These von der Neotenie erklärt unsere seltsame Verjüngung besser, als das all jene Alterstheorien tun, welche immer auch Altersvermeidungstheorien sind. Es gibt, wie gesagt, kein biologisches Programm, das uns zwangsläufig altern läßt; es gibt nur ein paar chemische Abläufe in unseren Körpern, welche, als Nebeneffekt gleichsam, den Verfall unserer Jugend und schließlich unseren Tod bewirken. Und es gibt Methoden, die Wirkungen dieser chemischen Prozesse abzuschwächen oder womöglich aufzuheben.

Da sind, erstens, die sogenannten Freien Radikalen – Moleküle, die sich beim Stoffwechsel zwangsläufig bilden, Moleküle, denen ein Elektron fehlt, welches sie sich so schnell wie möglich wieder holen müssen, wobei sie in unseren Zellen böse Zerstörungen anrichten. Radikalenfänger und -killer sind die Vitamine E und C, mit welchen wir vermutlich besser versorgt sind als alle Menschen, die vor uns lebten. Die Freien Radikalen haben mit unseren Körpern kein ganz so leichtes Spiel wie mit den Körpern unserer Urgroßväter – was unsere erstaunliche Verjüngung sicher nicht restlos erklären kann. Aber es widerspricht ihr jedenfalls nicht.

Da ist, zweitens, das Problem der sogenannten Telomere. Die befinden sich an den Enden jedes Chromosoms, enthalten nur eine DNS-Sequenz, die immer wiederholt wird – und sind doch für die Reproduktion der Zellen unbedingt not-

131

wendig. Bei jeder Zellteilung aber wird die Telomersequenz ein Stückchen kürzer, und irgendwann unterschreitet sie eine gewisse Länge. Die DNS kann nicht mehr kopiert werden, die Zelle teilt sich nicht mehr und stirbt. Allerdings gibt es das Enzym Telomerase, welches der Verkürzung entgegenwirkt – und amerikanische Biologen haben erst kürzlich herausgefunden, daß, wenn die Wirkung der Freien Radikalen eingeschränkt wird, der Körper auch mehr Telomerase produziert.

Biologie ist es, wenn wir den Mäusen, den Rhesus-Affen und den Fruchtfliegen zuschauen und daraus unsere Schlüsse auf den Menschen ziehen – und es waren, wie so oft, zuerst die Mäuse und Ratten, die der Forschung zeigten, wie das Leben wirksam verlängert werden kann. Ausgehend von der Entdeckung Max Rubners, wonach größere Tiere meistens länger leben als kleinere und dabei weniger Kalorien pro Kilogramm eigenen Körpergewichts verbrennen, reduzierte der Biologe Clive McCay im Jahr 1935 die tägliche Kalorienration seiner Laborratten – achtete aber darauf, daß die Mengen an Eiweiß, Vitaminen und Mineralstoffen gleich blieben. Tatsächlich erhöhte sich die Lebensdauer der Ratten um mehr als 20 Prozent – und weil der Mensch schon immer nach Unsterblichkeit strebt, haben seither die Biologen ähnliche Versuche mit Mäusen und sogar mit Rhesus-Affen unternommen, haben die Ergebnisse immer differenzierter betrachtet und kamen letztlich zu dem Schluß, daß diese Technik auch beim Menschen funktionieren könne. Wer viele Kalorien verbrennt, der verbrennt offenbar auch selber schneller, und wer weniger Kalorien verbrennt, hat auch eine etwas niedrigere Körpertemperatur, was unserer Coolnessthese eine ganz unerwartete naturwissenschaftliche Bodenhaftung gibt. Mag sein (exakte Messungen liegen leider nicht vor), daß die Bewohner des Westens sich heute so ernähren, daß das Verhältnis von Kalorien zu Eiweiß, Vitaminen und Mineralstoffen besser gemischt ist, als es das vor hundert Jahren war. Unsere erstaunliche Jugend wäre trotzdem auch dadurch nicht hinreichend erklärt: Die Labormäuse, die kalorienarme, aber nährstoffreiche Kost bekamen, zeigten nämlich insgesamt eine verzögerte Entwicklung. Sie lebten nicht nur länger, sie wuchsen auch langsamer und wurden später geschlechtsreif. Was man ja weder von uns noch von unseren frühreifen Kindern sagen kann. Wir sind schneller gewachsen, und wir sind früher in die Pubertät gekommen. Und die Frage ist eher, warum wir so schwer wieder herauskommen.

Unsere Zeitgenossen in den Vereinigten Staaten von Amerika ziehen trotzdem massenhaft die Konsequenzen aus den Erfahrungen der Mäuse und der Rhesus-Affen. Sie preisen, was sie »Super-Nutrition« nennen, als bestes Mittel, länger jung und überhaupt am Leben zu bleiben. Man müsse, so die gängige Terminologie, nur die »Metabolical Rate«, die Stoffwechselrate also, senken; man müsse einerseits weniger Kalorien verbrennen und andererseits so exakt wie möglich all jene Vitamine, Karotine, Minerale und sonstige Nähr- und Heilstoffe identifizieren und einnehmen, welche das Spiel der Freien Radikalen stören, Krebszellen am Wachsen hindern und auch sonst die richtigen Gegengifte gegen den Verfall der alternden Körper sind.

Dagegen ist sowenig zu sagen wie gegen die meisten Techniken, die unter der englischen Bezeichnung »Anti-aging« auch bei uns immer populärer werden. Aber Sport und Yoga, Hormonkuren und alles, was Ärzte und Therapeuten sich sonst noch haben einfallen lassen, sind doch keine plausible Erklärung dafür, daß wir heute immer später älter und erwachsen werden. Denn die Jugendlichkeit, um die es hier geht, ist nicht das Ergebnis harter Arbeit am eigenen Körper, nicht Resultat eines Kampfes gegen die Schwerkraft und alle anderen niederdrückenden Nebeneffekte des Älterwerdens. Sie ist einfach da, ob wir es wollen oder nicht, sie ist Geschenk oder Schicksal. Und offenbar trifft sie auch jene, die Zigaretten rauchen, Braten essen, Freude am Sex haben (Kastraten, auch das haben Gerontologen herausgefunden, leben länger) und ihr Leben insgesamt eher im Sinne von Pro-aging führen.

IV.

In seinem Buch »Der dritte Schimpanse«, einem wunderbaren Führer durch Theorie und Praxis der menschlichen Evolution, hat der Biologe und Anthropologe Jared Diamond alle rein physiologischen Erklärungen für unser Altern zurückgewiesen. Hinter der Suche nach der einen Ursache fürs Altern stecke im Grunde nur der Wunsch, das eine Mittel dagegen zu finden – und das, so muß man Diamond wohl verstehen, sei nur die zeitgemäße Variante der Suche nach dem Stein der Weisen. Daß unsere Körper verschleißen, das liegt eben daran, daß wir sie gebrauchen – und daß wir im Vergleich zu den meisten unserer Verwandten relativ langlebige Körper besitzen, das liegt daran, daß Menschenjunge zum Aufwachsen eine so lange Zeit benötigen. Die Evolution mußte also sicherstellen, daß die Eltern lange genug leben, bis der Nachwuchs alt genug ist, für sich selber zu sorgen. Zu diesem Zweck hätte allerdings für den größten Teil der Menschheitsgeschichte eine maximale Lebensspanne von vierzig bis fünfundvierzig Jahren ausgereicht.

Daß aber schon die Cro-Magnon-Menschen, wenn sie

nicht von wilden Tieren oder ihren eigenen Artgenossen getötet wurden, einen Unfall hatten oder einen Schnupfen nicht überlebten, daß schon die Cro-Magnon-Menschen vor 50 000 Jahren ein Alter von sechzig erreichen konnten, was nichts anderes hieß, als daß sie das Ende ihrer Fruchtbarkeit überlebten, was bei anderen Tieren die sehr seltene Ausnahme ist: Das lag daran, daß in der komplexer gewordenen menschlichen Gesellschaft das Alter eine der wertvollsten Ressourcen war. Der alte Mensch ersetzte in einer Kultur, die weder die Schrift noch andere Speichermedien kannte, ganze Bibliotheken und Archive. Die Jungen zogen los, jagten Tiere und sammelten Nahrung. Die Alten, die zu schwach waren für die Jagd, sammelten Wissen, bewahrten es auf und gaben es rechtzeitig weiter. Wenn wir heute hören, eine Überschwemmung sei die schlimmste seit fünfzig Jahren gewesen, packt uns vielleicht ein gewisser Schauder. In einer schriftlosen Gesellschaft war das Wissen der Alten, die vor fünfzig Jahren die Überschwemmung überstanden hatten, überlebenswichtig.

Insofern ergibt nicht nur die verlängerte Lebensspanne einen evolutionären Sinn. Wenn man Jared Diamonds These zu Ende denkt, kommt man zu dem Ergebnis, daß auch die Vergreisung, der Verfall der Körper produktive Wirkungen hatte: Wären die Menschen im Alter stark, schnell und potent geblieben, hätten sie sich ja weiterhin mit dem Jagen, Sammeln und der Fortpflanzung beschäftigt. Nur ihre Schwäche und Gebrechlichkeit lieferte ihnen die Entschuldigung dafür, daß sie müßig herumsaßen, einander von den alten Zeiten erzählten, die neuen Zeiten kommentierten und so das Wissen ihrer Familie, ihres Clans oder Stammes immer wieder auf den neuesten Stand brachten.

V.

Daß wir noch immer Geschöpfe der Cro-Magnon-Zeit sind, offenbart sich in jeder Umfrage, in welcher es darum geht, wie alt die Menschen sich fühlen. Seit Jahren erklärt eine große Mehrheit der Befragten, sie fühlten sich fünf bis fünfzehn Jahre jünger, als es ihrem wahren Alter angemessen sei. Sie haben noch die alten Lebensbaupläne im Kopf. Ein jeder hält sich selber für die Ausnahme einer Regel, die aus der Zeit der Steinwerkzeuge und Höhlenmalereien kommt.

Und womöglich geht die Zeit des Cro-Magnon-Menschen erst jetzt, mit uns, zu Ende. Es ist nicht nur die Tatsache, daß unsere Archive und Bibliotheken so gut gefüllt sind; daß wir also über die Vergangenheit eher zuviel als zuwenig wissen, was die Cro-Magnon-Variante des Alterns so obsolet gemacht hat. Es ist auch der ungeheure Luxus, der darin besteht, daß keiner, der sich dem Sammeln und der Weitergabe von Wissen widmen will, sich dafür erst mit Gebrechlichkeit rechtfertigen muß. Und unsere kompliziertesten Probleme sind vor allem deshalb so kompliziert, weil sie neu und unerwartet sind und mit den Methoden von vor fünfzig Jahren nicht gelöst werden können. Es wäre also unvernünftig, wenn der Mensch seine lange und immer länger werdende Lebensspanne noch genau so gliederte wie sein Urahn, der, müde geworden vom Kampf gegen die Neandertaler, von der Jagd auf Bisons und dem Zeugen vieler Kinder, sich bald nach dem fünfundvierzigsten Geburtstag in seine Höhle verkroch, sich am Lagerfeuer wärmte und nach einem schönen Stück gebratenen Büffels seinen Kindern und Enkeln die Welt erklärte.

Es ist vernünftig, daß wir, geistig und körperlich, mindestens zwanzig Jahre jünger sind als er.

Allerdings ist Evolution ja nichts anderes als Selektion – jene, die am besten angepaßt sind, überleben und finden einen Partner zur Fortpflanzung, und jene, die nicht mit der Zeit gehen können, sterben oder bleiben allein; ein Vorgang, der, solange er dauert, eher grausam und ein bißchen traurig ist – und das traurigste an der Evolution ist, daß wir ihr eigentlich nie bei der Arbeit zusehen können. Was im naturgeschichtlichen Gesamtzusammenhang wie ein evolutionärer Sprung aussieht, dauert, wenn man ein bißchen näher hinsieht, viele Generationen. Und deshalb hätte auch der Sprung von den Cro-Magnon-Menschen, die unsere Großeltern waren, hin zu Rene Russo ein paar Jahrhunderte dauern müssen.

Ich war, als Rene Russo lächelte am Strand, womöglich doch der Zeuge eines Wunders.

Lebensläufe III: Ruhm

An dem Tag, an dem sie vierzig wurde, war sie erschöpft von langen Dreharbeiten, und abends ist sie trotzdem auf ein Fest gegangen, obwohl sie keine Parties mag, aber das war ihre Geburtstagsfeier, und sie war bei sich selber zu Gast. Sie hatte keine Pflichten, sie hatte nur das Vergnügen. Ihr Verehrer gab dieses Fest für sie, ein Mann, der ein paar Jahre jünger war als sie und der sie, wie sie heute erzählt, damals auf Händen getragen hat. Sie hatte andere Dinge im Kopf, sie interessierte sich nicht für die Frage, ob das Datum, die große Vier, für sie eine Bedrohung sei. Sie feierte, und sie ließ sich feiern, und nicht einmal am nächsten Morgen, sagt sie, fand sie irgendeinen Grund, sich alt zu fühlen.

Es war nicht leicht, mit ihr ins Gespräch zu kommen, und das lag nicht daran, daß sie schwierig wäre. Die Umstände sind schwierig, und natürlich wußte ich das erst, als ich dann mit ihr gesprochen hatte. Ich hatte einen Brief an ihre Agentur geschrieben, nach ein paar Tagen kam die Antwort: Die Schauspielerin werde sich demnächst bei mir melden. Ich hörte aber nichts von ihr, ich telephonierte noch ein paarmal mit der Agentur, und immer wieder fragte ich mich, ob, was ich da tat, überhaupt höflich sei und seriös, oder ob man es eher als Unverschämtheit werten müsse, daß ich diese Schauspielerin, die ich nur aus dem Kino und dem Fernsehen kannte, jetzt belästigen wollte mit meiner Frage, wie es ihr denn so gehe jenseits der Vierzig.

Eines Morgens war sie am Telephon. Sie fragte, was ich wolle, ich erzählte es ihr. Dann sagte sie nein. Es war ein nettes Nein, sie sagte, daß sie dieses Buch ganz sicher lesen wolle. Aber ebenso sicher wolle sie nicht vorkommen darin. Es reiche ihr schon, wenn bei jedem neuen Film die Journalisten kämen, die dann natürlich nichts über den Film und alles über ihr privates Leben wissen wollten, Typen, die ihr Tonbandgerät nur deshalb einschalteten, damit es ein, zwei unbedachte Sätze einfange.

Sie hat recht, dachte ich, genau so einer bin ich auch. Ich will diese Sätze haben, und wenn sie nein sagt, tut sie das einzig Richtige. Ich wollte schon sagen: Danke, es war nett, mit Ihnen zu plaudern. Und verzeihen Sie, daß ich Sie belästigt habe. Und dann fragte ich sie noch, ob sie vielleicht ein, zwei Kapitel lesen möchte, nur so, es könnte sie ja interessieren.

Als sie wieder anrief, war es abends, kurz vor acht, ich stand vor der Tür eines Ladens, die in diesem Moment geschlossen wurde, ich war wütend darüber, und müde war ich von der Arbeit. Ja, sagte sie, wir können uns mal treffen, unverbindlich, sie könne mir einiges erzählen zum Thema dieses Buchs, aber natürlich wären das bloß Hintergrundinformationen. Ja, sagte ich, hmm, darüber muß ich nachdenken, jetzt bin ich erschöpft und habe schlechte Laune. Ich würde mich wieder melden in den nächsten Tagen. Und dann legte ich auf, und ich sagte zu mir selber: sehr geschickt, sehr intelligent. Ich will etwas von ihr, und wenn sie anruft, wimmle ich sie ab!

Wir telephonierten noch ein, zwei Mal, und als wir uns trafen, kam ich eine Viertelstunde zu spät. Sie empfing mich in ihrer Wohnung, sie bot mir einen Sessel an, ich versank darin und sagte ihr das. Sie lachte.

139

Sie ist präsent genug, um das zu sein, was das deutsche Publikum einen Star nennen würde. Und sie hat sich so rar gemacht, daß das Publikum keinen Überdruß spürt. Sie spielt, wenn es welche gibt, auch Kinorollen, aber natürlich erkennen sie die Leute auf der Straße, weil sie neulich erst wieder im Fernsehen war. Sie spricht, wie jeder normale Mensch, ganz gern von sich und ihrem Leben. Aber wenn normale Menschen sich verlieben oder trennen, interessiert sich kein Boulevard-Reporter dafür.

Neulich, sagt sie, ist ihr einer besonders dumm gekommen. Sie hatte ihm ein Interview gegeben, er hatte versprochen, daß sie es gegenlesen dürfe. Und nur deshalb war sie sehr offen. Als sie das Manuskript las, strich sie, was sie nicht in der Zeitung lesen wollte. Er sagte, was auf dem Band sei, werde auch gedruckt. Sie brauchte Kraft, ihm das auszureden.

Es ist November, ein kalter Nachmittag, hinter ihren Fenstern hängt ein giftiggrauer Himmel, und sie erzählt, wie schön die Aussicht hier sei, hinunter auf den Fluß, auf Lagerhallen, Baustellen, ferne Häuserblocks, an den meisten Tagen jedenfalls, wenn die Sonne scheine oder dramatische Wolken vom Westen heraufzögen. Sie wohnt noch nicht lange hier, und das sieht man auch ihrer Wohnung an. Die ist hübsch, nicht besonders groß, und wenn man einbräche in ihrer Abwesenheit, könnte man auch meinen, eine Studentin wohnte hier, eine Studentin mit reichen Eltern vielleicht. Die Schauspielerin ist fest entschlossen, es hier gut zu finden, sogar die Aussicht, die immer trüber wird im Lauf dieses Nachmittags. Auf dem Tisch, an dem wir sitzen, liegen Sachen herum, Papiere, Zeitungen, und im Hintergrund strahlt eine Lampe gegen den Himmel an. Es ist nicht glamourös. Nur behaglich.

140

Ich wollte mit ihr sprechen, lieber als mit den anderen Schauspielerinnen ihrer Generation, weil ich fast immer ihre Filme mochte, und selbst wenn ich an einem etwas auszusetzen hatte, mag ich doch immer sie, ihre Art, wie sie, einerseits, unberechenbar ist in der Wahl ihrer Rollen. Und andererseits scheint sie mir verläßlich zu sein, sie bleibt sich treu insofern, als sie sich eigentlich nie ganz preisgibt in ihren Rollen, und das Geheimnis, das da bleibt, macht sie besonders interessant. Ich bin also ein Fan, und dann sprechen wir, ausgerechnet, über einen Film mit ihr, den ich mir, zur Vorbereitung, auf Video angesehen habe, es war ein Fernsehfilm, der Versuch, ein bürgerliches Melodram zu erzählen – die Liebe als Schicksalsmacht, gegen die sich keiner wehren kann, die Liebe als größte Gefahr für die bürgerliche Existenz. Der Plot war nicht übel, aber die Dialoge waren schlampig geschrieben, und die Rollen paßten den Darstellern wie Anzüge aus zweiter Hand. Sie ist nicht beleidigt, sie war vom Ergebnis selber nicht begeistert, sie hatte sich viel mehr versprochen.

Denn die Rolle der bourgeoisen Ehefrau, die alt genug für ein eigenes Leben und jung genug für die Sehnsucht nach einem ganz anderen ist, diese Rolle steht ihr eigentlich sehr gut. Zu dumm, daß, trotz des aufregenden Abendkleids, das sie in ihrer besten Szene trägt, der ganze Film so aussah, als wäre er aus Fertigbauteilen schnell zusammengeschraubt worden. Keine Ahnung vom Glanz der Bourgeoisie. Und erst recht keinen Sinn für deren Geheimnisse.

Sie weiß in fünf Minuten darüber viel mehr zu erzählen. Sie hat, lang ist es her, einmal einen Aids-Test machen lassen, das war in ihrer wilden Zeit, aber ein bißchen schüchtern war sie auch, und natürlich merkte der Arzt, daß ihr die ganze Sache unangenehm war. Er versöhnte sie mit der Situation, indem er von seinem gutbürgerlichen Publikum erzählte, keine Namen natürlich, nur die sozialen Grundkoordinaten; von den besseren, den scheinbar solideren Leuten erzählte er, es ging um erotische Verhältnisse von erstaunlicher Komplexität und großer Verlogenheit, sie kam sich fast brav vor mit ihrer Angewohnheit, erst den einen zu verlassen, bevor sie sich auf den nächsten einließ, und als sie ging, wußte sie, daß es in ihrem eigenen Milieu, der Boheme, oder wie auch immer man die Welt der Film- und Fernsehleute nennen mag, auch nicht freizügiger zugeht als in den teuren Villenvierteln.

Ihre Tochter, erzählt sie, ist neun und geht auf eine Reiche-Leute-Schule, und manchmal kommt sie nach Hause und wünscht sich all die teuren Dinge, die sich die Eltern ihrer Klassenkameraden anscheinend leisten können, Reisen, Kleidung, Spielzeug, und dann muß die Mutter ihr immer wieder sagen, daß sie nicht alle diese Wünsche erfüllen kann. Sie bemerkt mein Staunen, und womöglich wird auch ihr in diesem Moment mal wieder der Unterschied bewußt: zwischen dem, was wir, das Publikum, uns noch immer unter dem Lebensstil einer gefragten Schauspielerin vorstellen, zwischen den Villen am Starnberger See, den Yachten, die vor Sardinien ankern, den Abfahrten, die Corviglia hinunter nach Sankt Moritz – und den ruhigen Tagen, die, wenn sie keinen Film dreht, ihr Leben sind. Sie kennt noch andere als bloß ihre eigenen Filme, sie weiß, daß sie nicht so leben will wie die großen Stars aus der großen Zeit des Kinos, Marilyn Monroe oder Greta Garbo, als Gefangene ihres eigenen Bildes. Sie will sich nicht verstecken müssen oder gleich umbringen in dem Moment, in dem das eigene Gesicht, der eigene Körper mit diesem Bild nicht mehr konkurrieren kann.

Sie will die Kontrolle über das eigene Bild nicht verlieren. Und damit beginnt schon der Kampf. Die Fernsehsender lieben das Berechenbare, sie rechnen gern mit stabilen Images. Wer blond und kühl war, soll auch im nächsten Film die unterkühlte Blondine spielen. Wer eine gute Quote hatte als schwache, schutzbedürftige Frau, bekommt nicht mit dem nächsten Drehbuch eine erotische Rolle angeboten. Es ist manchmal schon riskant, die Haare kurz statt lang zu tragen.

Und es wird einem nicht leicht gemacht, wenn man das Drehbuch seines Lebens selber schreiben will. Zumal, wenn man darauf besteht, daß es darin viele Szenen gibt, die innen spielen, ohne Statisten, mit wenig Action und ganz ohne Publikum. Sie versteckt sich nicht, sie besucht gelegentlich eine Premierenparty, und auf den Partybildern in der Zeitung sieht sie nicht so aus, als wäre ihr das Photographiertwerden besonders unangenehm. Aber Mutter, alleinerziehend, normale Frau während der Drehpausen und harte Arbeiterin, wenn sie vor der Kamera steht, das ist die Rolle, in der sie sich offensichtlich wohler fühlt. Und man muß sie schon sehen, wie sie in ihrer Wohnung sitzt, in Bluejeans und Pullover und erstaunlich unbeeindruckt von sich selber, damit man ihr glaubt, daß sie auch damals, als sie sehr viel jünger war, damals, als es richtig losging mit der Karriere, dem Ruhm, den prominenten Rollen, daß sie schon damals, blinzelnd womöglich, immer wieder hinausgeguckt habe aus ihrer Welt der Blitzlichter und der hohen Absätze, hinüber in jene andere Welt, wo man eine grundsolide Akademikerexistenz führte, mit Haus und Garten und Garage, unerschütterlichen Ansichten und Kindern, welche in den sogenannten geordneten Verhältnisse aufwüchsen. Mit dem richtigen Mann, sagt sie, hätte sie sich auch so ein Leben vorstellen können.

Sie sei schüchtern gewesen, erzählt sie, fast ein bißchen verklemmt, sie war schon Ende dreißig, als sie sich endlich ein bißchen lockerer machte. Die Männer seien nie hinter ihr her gewesen, und wenn doch, dann habe sie es früher nicht bemerkt oder nicht bemerken wollen, sie war überrascht, als sie es dann doch wahrnahm, und was sie sah, gefiel ihr gut. Selbst viel jüngere Männer sprachen sie an, begannen zu flirten, ließen nicht locker, und weil sie keinen festen Freund hatte und sich nach keinem sehnte, ließ sie sich mit dem einen oder anderen ein. Sie war jung genug, um nicht lächerlich zu wirken an der Seite eines jüngeren Mannes. Und sie war alt genug, daß es ihr schmeichelte, so heftig begehrt zu werden. Es dauerte ein paar Jahre, und es war gut, solange es dauerte, und als sie den Eindruck hatte, es sei jetzt genug, machte sie ohne Bedauern wieder Schluß mit diesem Leben.

Sie hat Freundinnen, erzählt sie, die so alt sind wie sie und die sich jetzt nach zwei, drei Jahren des Begehrtwerdens und der Verantwortungslosigkeit ganz dringend sehnen, weil sie eben doch ein bißchen Angst davor haben, es könnte demnächst zu spät dafür sein – und natürlich zögern sie, sich auf irgend etwas einzulassen, weil sie fürchten, das könnte so aussehen, als wäre es schon jetzt zu spät.

Sie sagt, sie vermißt keinen der Männer, die sie nicht gehabt hat. Sie vermißt die Bücher, die sie nicht gelesen, die Filme, die sie nicht gesehen hat, sie ist entschlossen, das alles nachzuholen. Sie steht gern vor der Kamera, aber nicht zu oft. Sie kann gar nicht jede Rolle spielen, die ihr angeboten wird. Sie kann es sich leisten, Rollen abzulehnen. Sie kann es sich nicht leisten, jede anzunehmen. Nichts wäre schlimmer, als wenn die Leute sagten: Ach, schon wieder die.

Sie weiß, daß es um Sex geht auf der Leinwand und auf

dem Fernsehschirm, sie weiß, daß die Zuschauer die Heldin einer Geschichte begehren wollen, sie weiß, daß das Publikum süchtig ist nach der Schönheit und heiß darauf, jedes erotische Signal zu entziffern, und daß es ungeduldig und wütend wird, wenn diese Signale nicht gesendet werden. Doch mit ihr, sagt sie, habe das alles nur bedingt zu tun. Ihre Fans seien meistens weiblich, und die Frauen, die ihr gerne zusähen, achteten auf ganz andere Signale. Sie nähmen es einer Schauspielerin nicht übel, wenn sie älter werde; daß auch Schauspielerinnen altern, sei vielleicht sogar ein Trost. Und schon deshalb sei der vierzigste Geburtstag in ihrer Karriere kein so markantes Datum gewesen wie, nur zum Beispiel, bei Sharon Stone, der Sexbombe, die plötzlich nicht mehr explodieren durfte.

Sie werde sich nicht festhalten an den jungen Rollen, sagt sie, sie werde sich nicht jünger geben, als sie sei. Und wer sich, wie auch immer, jünger mache, der mache sich damit nur lächerlich. Aber eigentlich hat sich die Frage für sie noch nie gestellt. Die Frauen, die sie in ihren letzten Filmen spielte, waren selbstverständlich über vierzig, und selbstverständlich waren sie jung. Und neulich habe sie mit einem Regisseur gesprochen, der hatte eine Rolle für sie, eine gute Rolle, eine selbstbewußte, erwachsene, erotische Frau. Und zwar habe er sich die ganze Sache so vorgestellt, daß sie nackt sein solle die meiste Zeit, in neun von zehn Szenen, das sei doch eine gute Methode, die Stärke dieser Frau zu demonstrieren.

Sie lacht, wenn sie von dem Regisseur erzählt, sie sagt, sie habe auch damals gelacht, und natürlich hat sie abgelehnt, unter diesen Bedingungen jedenfalls, wozu natürlich, erstens, gesagt werden müsse, daß ihr der Vorschlag geschmeichelt habe, und, zweitens, hätte sie die Rolle natürlich spielen können. Ihr Körper sei immer perfekt gewesen, ohne daß sie viel dafür tun mußte, und erst seit kurzem habe sie den Eindruck, daß ein bißchen Sport, ein paar Sit-ups und Push-ups täglich, daß ihr so etwas ganz guttun könnte.

Sie hätte es sich also leisten können, und womöglich hätte es ihr auch Vergnügen gemacht, in diesem Film, der ja ein künstlerischer Film werden soll, kein Mainstream, nichts fürs Hauptabendprogramm des Fernsehens. Aber Photos hätte es trotzdem gegeben, sehr große Photos in jenen Zeitungen, die auch mit sehr großen Buchstaben sehr kurze Sätze formulieren, und ganz bestimmt wären diese Sätze auf die Frage hinausgelaufen, ob sie das wirklich nötig habe, mit Nacktphotos auf sich aufmerksam zu machen. Oder auf das Lob, daß sie gut aussehe und sehr sexy sei, für eine Frau über vierzig zumal. Und dem Regisseur hätte das sicher gefallen, der Wirbel, die Aufregung, das hätte die Leute in seinen Film gelockt. Nur ihr selbst, findet sie, hätten diese Sätze, gleichsam auf die nackte Haut geschrieben, mehr geschadet als genützt, und, na ja, mal sehen, sie hat noch eine Verabredung mit dem Regisseur, und vielleicht hat er noch ein, zwei andere Ideen. Das mit der Nacktheit wird ja nicht alles sein, was er zu bieten hat.

Es ist dunkel geworden, und als wir langsam zu Ende kommen, haben wir außer über das Älterwerden und die Schauspielerei auch über ihre Tochter gesprochen, über ihre nächsten Filmprojekte und über alte Filme, die sie liebt, und als ich schon meinen Mantel angezogen habe, steht da noch ein Thema im Raum, es ist ein Plot für einen Film, es ist die Frage, ob sie daran weiterarbeiten solle, wir kommen, weil ich gehen muß, zu keinem befriedigenden Schluß, und sie sagt, als wir schon im Flur stehen, daß wir darüber viel ausführlicher hätten reden sollen, und vielleicht, sagt sie, holen wir

146

das ja ein andermal nach. Und dann ist mein Taxi da, und ich renne die Treppen hinunter, und ich weiß, warum sie so lange gezögert hat. Sie spricht tatsächlich über fast jedes Thema lieber als übers Älterwerden.

Nicht, weil sie Angst davor hätte. Sondern weil es einfach nicht ihr Problem ist.

Tanz der Vampire

Nichts altert schneller als die Nachrichten von morgen, kaum etwas hat so wenig Zukunft wie die Utopie.

Als ich acht, neun Jahre alt war, hatte ich, außer vor den Zwölfjährigen, die mich manchmal auf die Nase hauten, nur vor einer Sache Angst: Ich fürchtete, daß der überlichtschnelle Raketenantrieb erfunden würde, bevor ich erwachsen wäre, studiert hätte und das Problem der Lichtgeschwindigkeit selber lösen könnte. Denn die Zukunft, wie ich sie damals, in den späten Sechzigern, erträumte, war so groß und grenzenlos wie das Weltall zwischen den Sternen, und durch die Fenster eines interstellaren Raumschiffs wollte ich hinausgucken und mich wärmen am Schein der nächsten Supernova. Und wenn so ein Raumschiff landete, dann lag der Hafen in einer Stadt, deren Wolkenkratzer kilometerhoch wuchsen. Und nirgendwo stand mehr ein Altbau herum.

Als ich älter wurde, rückte die Zukunft näher – und die Bilder, die sich das Kino von der Zukunft machte, zeigten eine Welt, die wie unsere Welt war, nur konsequent zu Ende gedacht. Die Bombe war explodiert, zumindest aber die Bevölkerung. Das Klima war kollabiert, das Öl versiegt, die Zivilisation erloschen. Und über den Müll der Vergangenheit und durch die Trümmer der Utopien wanderten einsame Helden wie Mad Max oder der Blade Runner, »Snake« Plissken

148

und der Robocop und sahen, daß hier nichts mehr zu retten war als die eigene Existenz. Die Zukunft von damals, das waren dunkle und sehr schmutzige Zeiten. Aber wenigstens waren sie spannend.

Wer die Zukunft, die uns demnächst droht, heute schon mal besichtigen will, muß dafür nicht mehr ins Kino gehen – der Film, der diese Zukunft schilderte, ist ohnehin noch nicht gedreht. Ein anschaulicheres Bild liefert ein Spaziergang durch Baden-Baden, ein Besuch auf Lanzarote in den Wintermonaten oder auch eine Trambahnfahrt durch eine unserer Städte, am späten Vormittag, wenn die Kinder in der Schule und die Erwachsenen beim Arbeiten sind. Alte Leute sieht man da, Rentner, Ruheständler, Großeltern ohne Enkel, Gebrechliche und Versehrte – und ganz egal, ob diese alten Leute wohlhabend sind wie die Feriengäste in Baden-Baden, rüstig und ein bißchen zu aufgedreht, wie jene, die im Süden überwintern, oder ob sie so still und betont unauffällig und ein bißchen einsam wirken wie die Witwe in der Trambahnlinie 12, die aus der Stadt zurück in ihre winzige Wohnung hinterm Scheidplatz fährt: Wenn man diesen alten Menschen länger als eine Viertelstunde zugesehen hat, fängt man an, die jungen zu vermissen, das Geschrei der Kinder, das Lächeln der jungen Mädchen; selbst über ein paar Vierzigjährige würde man sich freuen.

So aber, so senil und versehrt müssen wir uns die Zukunft der westlichen Welt vorstellen, da sind sich alle Prognosen einig – und wir, die wir heute dreißig, vierzig, fünfzig sind, wir werden die alten Menschen sein, welche diese vergreiste Welt bewohnen. Wäre unsere Zukunft ein Science-fiction-Film, würde man Post Doomsday Movie dazu sagen, und unser Lebensfilm funktionierte so ähnlich wie der erste »Mad Max«, in welchem die große Katastrophe sehr still und beinahe unbemerkt über die Menschheit gekommen ist. Auch die Katastrophe, welche unsere Zukunft verdüstern wird, ist längst geschehen – die Kinder, welche die rapide Vergreisung noch aufhalten könnten, hätten vor zehn, zwanzig, dreißig Jahren geboren werden müssen. Es wird zu Erschütterungen kommen in den Vereinigten Staaten, wo die Baby Boomers, die größte aller Alterskohorten, vom Jahr 2010 an ins Rentenalter kommen; immerhin werden aber in Amerika noch genügend Kinder geboren. Es wird, wie Frank Schirrmacher in seinem Buch »Das Methusalem-Komplott« gezeigt hat, zu ungeheuren Verwerfungen kommen in Westeuropa, wo nicht nur die Alten immer mehr und immer älter werden, sondern wo die Kinder fehlen, die für diese Alten die Renten finanzieren, den Dreck wegräumen, die Maschinen am Laufen halten und im Altersheim das Bett frisch überziehen müßten. Die Macht wird, schon wegen ihrer Masse, bei den Alten sein und der Haß, aus demselben Grund, bei den Jungen. Die Herrschaftsform wird eine Gerontokratie sein, so starr und verkalkt, als hätten sich Nicolae Ceaucescu und Leonid Breschnew die ganze Sache in einer schlaflosen Nacht am Telephon ausgedacht. Und so, wie der arabischen Welt langsam, aber sicher das Öl ausgeht, so wird in Westeuropa jene Ressource versiegen, die seit der Renaissance unser wichtigster Rohstoff war: die geistige Unruhe und Energie, die Neugier, die Entschlossenheit, der Glaube daran, daß jede Veränderung besser als der absolute Stillstand sei.

II.

Wäre jene Zukunft, die in Deutschland ums Jahr 2025 beginnen wird, wenn hier die geburtenstärksten Jahrgänge das Rentenalter erreichen, wäre jene unabweisbare Zukunft ein Science-fiction-Film, dann würde die Geschichte vielleicht wirklich in der Straßenbahn beginnen, mit der traurigen alten Frau auf ihrem Weg nach Hause. Sie stiege aus an der Endstation, und die Kamera führe neben ihr her, und dann sähen wir, daß sie noch zu den Glücklichen gehörte. Sie könnte wenigstens noch selber laufen, langsam zwar, aber ohne Prothesen; das unterschiede sie von all den Rollstuhlfahrern, den Stockträgern, den hinkenden und humpelnden Altersgenossen. Und nach wenigen Minuten merkte das Publikum, daß hier irgend etwas nicht stimmte. Es wären nämlich ausschließlich alte Menschen auf der Straße, und das stimmte nicht nur den Zuschauer traurig, sondern erst recht die alten Leute selber, welche längst gelernt hätten, aneinander vorbei zu schauen, um vor dem Anblick der Altersgenossen nicht zu heftig zu erschrecken. Jeder Hauseingang, an dem die Kamera vorbeiführe, wäre behindertengerecht, jedes Schild in extrem großer Schrift. Und dann, kurz bevor die traurige alte Frau ihre Wohnung erreichte, wäre eine junge Mutter auf der Straße, mit ihrem Baby im Kinderwagen, und die alten Menschen würden staunen und lachen und einige wagten sich bis an den Rand des Kinderwagens vor, um so etwas Seltenes wie ein Kleinkind mit eigenen Augen zu sehen, und das Baby würde sich erschrecken und anfangen zu brüllen, und die Mutter würde ihre Schritte beschleunigen und fliehen vor den vielen Alten – und natürlich würde sich diese Szene anlehnen an Roman Polanskis Film »Tanz der Vampire«, an jene Szene, in welcher die uralten Blutsauger eine Polonaise tan-

151

zen, und dann sehen sie, vor einem riesigen Spiegel, daß die schöne Sharon Tate als einzige darin zu sehen ist. Frisches Blut, rufen sie, und dann flüchtet Sharon Tate und die ganze Bande von Vampiren jagt ihr hinterher.

Wäre unsere Zukunft ein Film, dann zeigte er jetzt einen Blick ins Innerste des Machtapparats, eine Versammlung jener, die hier das Sagen hätten, und das Zentralkomitee der SED unter Erich Honecker sähe dagegen wie eine Jugendgruppe aus. Die alten Herrschaften wären häßlich, böse, zänkisch, sie würden jede neue Idee als gefährlich abschmettern, jeden Widerspruch als Vorform des Aufruhrs unterbinden, und die Gesetze, die sie erließen, wären ausschließlich im Interesse der Alten: noch mehr Geld für die Sicherheit und das Gesundheitswesen, noch weniger für Bildung, Forschung, Innovation. Und um die Notwendigkeit äußerst drastischer Maßnahmen zu belegen, schaltete der Vorsitzende dieses Ältestenrates einen Monitor an …

… und der Filmbericht, den er dann zeigte, leitete über in die dritte Szene, mit welcher unser Zukunftsfilm endlich spannend würde. Wir sähen jetzt die verbliebenen jungen Menschen, die sich zum Aufstand verabredet hätten. Wir sähen Krankenpfleger, die Maschinen abschalteten und ihre Patienten sterben ließen. Wir sähen Motorradfahrer, die Jagd auf Rollstühle machten. Behindertenaufzüge stürzten ungebremst in die Tiefe, Essenslieferungen wären vergiftet, Notrufapparate ohne Strom, und aus den Fernsehern, die doch den ganzen Tag ein Seniorenprogramm sendeten, leuchteten immer wieder die Piratenbilder von Horror und von Sex, Zombies und lüsterne nackte Körper, was die Quote der Herzattacken jedesmal drastisch steigen ließe.

III.

So sieht, ein bißchen zugespitzt und ins Anschauliche über-
setzt, jene Zukunft aus, welche die Demographen uns ver-
heißen. Auf der Graphik, die man früher die Alterspyramide
nannte, weil es mehr Kleinkinder als Teenager gab, mehr
Teenager als Erwachsene, mehr Erwachsene als Greise, auf
dieser Graphik hatten im Jahr 2000 die Jahrgänge 1955 bis
1970 die dicksten Balken – im Jahr 2000 waren die Dreißig-
bis Fünfundvierzigjährigen in Deutschland die größte Gruppe
der Bevölkerung; ein Zustand, der schon einen Hauch von
Vergreisung spüren ließ, weil die Fünfzehn- bis Fünfundzwanzigjährigen, jene Gruppe also, die man gewöhnlich die
Jugend nennt, in der Minderheit war.

Im Jahr 2025 wird die Graphik, die einmal eine Pyramide
war, eher einem Baum gleichen, mit breitem Stamm zwar,
aber einer noch breiteren Krone. Die Fünfundfünfzig- bis
Siebzigjährigen werden die Mehrheit sein, die Fünfzehn- bis
Fünfundzwanzigjährigen eine noch kleinere Minderheit, und
im Jahr 2050 wird es mehr Frauen in ihren Achtzigern als
Frauen in ihren dreißiger Jahren geben.

Solche Prognosen unterscheiden sich von den Vorhersa-
gen der Klima- oder Wirtschaftsforscher vor allem dadurch,
daß all die heute noch unbekannten oder übersehenen Fak-
toren, welche das ganze Zukunftsbild stören könnten, in den
Rechnungen der Demographen kaum denkbar sind. Wenn
den Europäern nicht in den nächsten Jahren der Himmel auf
den Kopf fällt, wenn nicht ein großer Krieg oder eine Seuche
die Population der Europäer drastisch reduziert, dann wird
es genau so kommen. Denn die Zwanzigjährigen, die im Jahr
2025 fehlen werden, müßten jetzt schon auf der Welt sein.
Und die Achtzigjährigen, von denen es im Jahr 2050 so viele

geben wird, sind seit 1970 unter uns. Was das bedeutet, wie explosiv die Lage ist, das hat Frank Schirrmacher in seinem Buch »Das Methusalem-Komplott« beschrieben. Manche der Konflikte, die Schirrmacher heraufkommen sieht, sind in den vergangenen Jahren schon in ersten Vorgefechten aufgeschienen – wenn ein beschränkter, aber sehr selbstbewußter Mann von der Jungen Union den deutschen Senioren ihre künstlichen Hüftgelenke nicht mehr gönnen will; wenn ein kluger junger Autor wie Florian Illies im Interview bekennt, daß er die herrschende Generation von Politikern vor allem dafür verabscheut, daß sie, die Schuldenmacher, heute das Geld verjubeln, das ihm, Illies, und seinen Altersgenossen in fünfzig Jahren fehlen wird: Dann zeichnet sich jener Generationskonflikt schon ab, den Schirrmacher gewaltig eskalieren sieht, wenn demnächst die Alten in der Mehrheit und die Jungen in der Minderheit sind.

Wer heute dreißig, vierzig, fünfzig ist, der ist in einen doppelten Generationenkonflikt verstrickt. Denn, einerseits, muß ihm klar sein, daß er, wenn er nicht für sich selber sorgt, mit der üppigen Versorgung heutiger Rentner nie und nimmer rechnen kann, weshalb jeder Politiker, der die Schulden mehrt, aus ganz soliden materiellen Gründen sein Gegner sein muß. Und andererseits wird er selber zu den vielen Alten gehören, welche den Jungen von morgen eine Last und womöglich auch ein Schrecken sein werden.

»Das Methusalem-Komplott« ist, wenn alles gut geht, eine self-destroying prophecy, ein Text, der ähnlich wie Aldous Huxleys »Schöne neue Welt« oder George Orwells »1984« die böse Zukunft auch deshalb so plastisch schildert, damit sie genau so niemals kommen möge. Was allerdings die Daten zur Bevölkerungsentwicklung angeht: Da gibt es ja, wie erwähnt, nach Ansicht der Demographen keine Variablen in der Gleichung. Und was die Interpretation dieser Daten angeht: Da hat Frank Schirrmacher sicher recht, wenn er die vergreisende Gesellschaft auffordert, im Alter klug, schön und selbstbewußt zu bleiben und eine neue Semantik des menschlichen Alterns zu entwickeln.

All das ist richtig, logisch und plausibel, all das beruht nicht auf Spekulation, sondern auf Empirie und Recherche – und wenn jetzt, spätestens, der Moment gekommen ist, wo man Entwarnung geben oder zumindest seinen Einspruch formulieren möchte, dann liegt das nicht daran, daß es in diesem Modell einen Denkfehler gäbe. Es liegt daran, daß die Recherche etwas übersehen oder zumindest nicht ernst genug genommen hat. Die apokalyptische Vision von der vergreisenden Gesellschaft setzt, mehr oder weniger selbstverständlich, voraus, daß wir noch immer nach den Kalendern aus der Cro-Magnon-Zeit leben, daß unsere Biographie-Baupläne dieselben wie in den vergangenen Jahrhunderten sind, kurz: daß es die Revolution der Lebensläufe nicht gegeben hat.

Dabei wäre schon die deutsche Bevölkerungsstatistik des Jahres 2000, wenn man sie mit dem Personal des Jahres 1900 besetzte, ein einziger Schrecken: die meisten Menschen über dreißig, die wenigsten unter zwanzig, kaum Kinder und Teenager – vor hundert Jahren wäre eine solche Gesellschaft nur als müde und verbrauchte, traurige und unbewegliche Versammlung älterer Menschen denkbar gewesen. Wir erinnern uns aber, daß es eher ein heiteres Jahr war, das Jahr der sogenannten New Economy und der Entschlüsselung des menschlichen Genoms, ein Jahr voller Zukunftsfreude und Energie. Und daß uns im Jahr darauf eine Krise erwischte, hatte alle möglichen Ursachen, und das hohe Durchschnittsalter der deutschen Bevölkerung scheint keine davon gewesen zu sein.

Auch im Jahr 2025 werden die Jahrgänge 1955 bis 1970 die Mehrheit stellen; sie werden dann fünfundfünfzig bis siebzig Jahre alt sein – und nach all dem, was wir bis jetzt über diese Menschen wissen, wissen wir auch, daß mit Überraschungen noch zu rechnen ist. Wer heute, nur zum Beispiel, fünfundvierzig ist, hat sich vor zwanzig Jahren bestimmt nicht vorstellen können und schon gar nicht darauf hingearbeitet, daß er sich heute so jung fühlen würde, und gleichzeitig ist da immer die Furcht, daß es demnächst aber vorbei sein könnte mit dem schönen Leben. Wer vor zwanzig Jahren zwanzig war, formte das Bild seiner Zukunft nach dem Modell der Vierzigjährigen, die er damals kannte, und wundert sich heute, daß er noch immer nicht so alt geworden ist. Wer in zwanzig Jahren sechzig sein wird, formt das Bild seiner Zukunft nach dem Modell der Sechzigjährigen, die er jetzt kennt. Ob er dann tatsächlich so alt sein wird, das wissen wir in zwanzig Jahren. Fast alles spricht dagegen.

Prognosen auf die Zukunft der vergreisenden Gesellschaft sind unsicher; wir wissen nicht, wie schnell oder langsam wir vergreisen werden, aber wenn wir hoffen, daß es langsam gehen werde, und wenn wir hoffen, daß es ganz anders gehen werde, dann haben wir dafür jedenfalls gute Gründe.

Und so werden, während das Durchschnittsalter der westlichen Gesellschaften stetig steigt, jene aber, die dieses Durchschnittsalter haben, immer jünger. In den Ländern des Nahen Ostens und Afrikas, in Südamerika und Südostasien gibt es weder die eine noch die andere Entwicklung. Dort müssen sich die Vierzigjährigen nicht wie Fünfundzwanzigjährige fühlen und benehmen, weil es genügend Fünfundzwanzigjährige gibt.

Zu behaupten, das eine hinge mit dem anderen zusammen; zu glauben, unsere Verjüngung wäre die Abwehrreaktion auf unsere Vergreisung: Das allerdings wäre Metaphysik und funktionierte nur unter der Bedingung, daß wir uns einen Gott oder Weltgeist denken, der nichts anderes zu tun hat, als an den Rädchen unserer Lebensuhren zu drehen.

Aber daß beide Entwicklungen nebeneinanderher laufen, müssen wir wohl zur Kenntnis nehmen. Und zwar freudig; was bleibt uns schon anderes übrig?

Lebensläufe IV: Macht

An dem Tag, an dem er vierzig wurde, ist Wolfgang endlich seine Angst losgeworden; es war die Angst davor, vierzig zu werden. Es war die Angst, daß an diesem Tag ein Wurm oder ein Computervirus in der Festplatte seines Kopfes aktiviert werde und daß dieser Virus alle Dateien löschen würde, in welchen seine Jugend abgespeichert war. Es war die Angst, daß er an diesem Tag alles, was ihm Freude machte, verlieren könnte.

Er hatte Gäste in seine Wohnung geladen, seine besten Freunde und Freundinnen, und sein allerbester Freund, das war die Verabredung, kochte ein Menü, so wie Wolfgang ihm ein Menü gekocht hatte an seinem Vierzigsten, und es muß wohl nach dem Hauptgericht gewesen sein, die Gäste waren schon sehr lustig, und auch Wolfgangs Aufregung und Angestrengtheit schwanden allmählich, als er endlich zu der Überzeugung kam, daß er auch am nächsten Tag, dem ersten Tag in seinen Vierzigern, einfach weiterleben würde wie bisher.

Wolfgang, auf dessen Visitenkarte »Direktor« steht und der Name eines großen Unternehmens, Wolfgang hat schnell und konsequent Karriere gemacht, aber bevor das losging, hat er viel ausprobiert, war sich nicht sicher, was er machen sollte aus seinen Begabungen, und er hat dabei interessante Menschen getroffen, Freunde, die ihm seine Entscheidungen leicht- oder, wenn es gute Freunde waren, manchmal auch schwergemacht haben, und lange spielte er mit dem Gedanken, all diese Freunde, die Meilenstein-Freunde, wie er sie nennt, zu seinem Vierzigsten einzuladen. Aber irgendwann kam es ihm so vor, als würde das wie eine Einladung zu seiner Beerdigung wirken, und weil er eben schon genügend Probleme mit dem Datum hatte, lud er dann doch nur die ein, die er immer sieht, und das war, wie er bei der Nachspeise bemerkte, genau das richtige. Der vierzigste Geburtstag war, als er zu Ende ging, ein ganz normaler Tag.

Wolfgang war, mit achtzehn oder zwanzig, fest davon überzeugt gewesen, daß er niemals sechsunddreißig Jahre alt würde. Denn sechsunddreißig, das war keine schwere Rechnung, würde er im Jahr 2000 sein, und natürlich wollte er das gerne erleben, das große Jahr, die Jahrtausendwende, den Beginn dessen, was von damals aus betrachtet wie die Zukunft aussah. Aber er wollte es als lebendiger, als junger Mensch erleben, und daß sich jenseits der Dreißig so etwas wie Leben abspielen könnte, das glaubte er nicht, das lag jenseits aller Vorstellungen, die er damals hatte, als er zwanzig war.

Wir hatten uns in einer Bar im Münchner Glockenbachviertel verabredet, einem netten Ort, wo nur das Durchschnittsalter mindestens zehn Jahre unter unserem eigenen lag. Es war nur viel zu laut für unser Gespräch und für mein Aufnahmegerät. Wir tranken ein Bier an der Bar, ich gab dem Kellner zehn Euro, und als er nach fünf Minuten noch immer nicht mit dem Wechselgeld kam, fragte ich, was denn so unlösbar sei an der Aufgabe, mir vier Euro zurückzugeben. Der Kellner wurde unhöflich, er meinte, ich könne ihn mal, und als er dann das Wechselgeld brachte, nahm er mein Trinkgeld trotzdem an. Und Wolfgang bemerkte, damit habe er sich leider disqualifiziert. Das ist es nämlich, was er beruflich tut: Er schaut sich Menschen an, und dann beurteilt er deren Qualifikation. Er ist, wie er es selber nennt, ein »Personaler«.

Wir gingen ins Café im Münchner Stadtmuseum, einen bemerkenswert uncharmanten Ort, wo es aber, erstens, ruhig genug war. Und zweitens war der Ort ganz angemessen, weil wir beide dort sehr viel Zeit verbracht hatten in den achtziger Jahren, als das Café zwar auch nicht charmanter war. Aber es lag sehr zentral, und die Preise waren bezahlbar. Und im Untergeschoß, im Kino des Münchner Filmmuseums, liefen all die alten amerikanischen und französischen Filme, die wir unbedingt kennen wollten, im Original.

Er war sechsundzwanzig, erzählt Wolfgang beim ersten Bier, es war die Zeit, in der er sehr oft hierher kam, als ihm endlich klarwurde, daß es nur noch zehn Jahre waren bis zum sechsunddreißigsten Geburtstag, daß er also das Jahr 2000 wohl doch erleben würde und daß es höchste Zeit war, einen Plan zu machen oder zumindest sein Lebenskonzept noch einmal zu überdenken. Streng genommen hatte er gar kein Konzept, jedenfalls gab es keinen Plan, der Wolfgangs Lebensziel, daß er nämlich sich verwirklichen und keinesfalls überarbeiten wollte, näher spezifizierte. Karriere war ein Wort, von dem er nicht so recht wußte, was es bedeutete – Anpassung vielleicht, Selbstverleugnung, keine Option für ihn, wie er damals meinte.

Der Lebensentwurf, den seine Familie für ihn hatte, erzählt Wolfgang, lief darauf hinaus, daß er in der kleinen Stadt blieb, eine Lehre machte, am besten Schlosser, und auf ein Einfamilienhaus sparen sollte. Und schon der Entschluß, nach München zu gehen und ein Studium zu beginnen, war eine Flucht ins Ungewisse. Er hat erst Germanistik studiert, hat schnell bemerkt, daß ihn die Literaturwissenschaft keinen

Schritt weiterbringen würde. Er wollte Journalist werden, und als er sich für ein Studium der Psychologie entschied, dachte er zunächst nur daran, daß das eine gute Spezialisierung wäre. Psychologen verstehen etwas von Menschen, und ein Diplom in Psychologie würde besser aussehen als ein Magister Artium mit dem Hauptfach Germanistik.

Er wollte, wie er es heute nennt, »Lifestyle«-Geschichten schreiben. Und Lifestyle, das waren nicht Möbel oder Schuhe für ihn. Lifestyle, das waren die Menschen und ihre Art zu leben, und weil das irgendwie alles ist und nichts, hat er über alles und nichts geschrieben, in der »Münchner Stadtzeitung« vor allem, und das Studium, die Prüfungen, die Scheine, das waren eigentlich nur Berechtigungsscheine für diese Art von Existenz, deren größter Vorteil wohl darin lag, daß viel Zeit blieb. Zum Nachdenken. Und für alles andere.

Bei der »Brigitte«, in Hamburg, hat er ein Praktikum gemacht, in der ersten Redaktionskonferenz, an der er teilnehmen durfte, ging es um ein Heft, das sich dem Thema Kinder widmen sollte, er hörte zu, hielt den Mund, und erst ganz am Ende fragte er, ob er auch was sagen dürfe. Bitte, sagte der Ressortchef, und Wolfgang sagte, gute Themen, gute Ideen, das Heft werde sicher ein Erfolg. Aber warum spreche eigentlich niemand mit den Kindern, um die es doch angeblich gehe. Sehr gut, sagte der Ressortchef, Sie werden mit den Kindern sprechen. Es war ziemlich nah an dem, was Wolfgang wollte, er traf Menschen, für die er sich interessierte, und er durfte darüber schreiben, und nach ein paar Monaten war er bei der Zeitschrift der Experte für Kinder. Und für Männersex, was sich irgendwie ergeben hatte.

Es fing also gut an für Wolfgang, er hätte Journalist bleiben können, wäre vielleicht Ressortchef geworden oder Chefredakteur bei einer jener Zeitschriften, die sich auf Psychologie und Lebensberatung spezialisiert haben, und erst seit seinem vierzigsten Geburtstag, sagt Wolfgang, denkt er nicht mehr über so eine Parallelexistenz nach und verbietet sich den Gedanken daran, was wohl aus ihm geworden wäre, wenn er sich an einem bestimmten Punkt seines Wegs für die andere Abzweigung entschieden hätte. Heute, sagt er, ist es zu spät – er wäre ein Anfänger, ein Amateur, wenn er es mit dem Journalismus noch einmal versuchen wollte. Und verdienen würde er nicht einmal halb soviel, wie er jetzt, als Direktor für Personalangelegenheiten, verdient.

Nur einen Job gibt es, für den würde er alles hinschmeißen, wie er sagt. Er wäre jederzeit bereit, als Profiler zu arbeiten, das wäre sein Traumjob, die Erfüllung, das Allerschönste, wenn er, im Dienst der bayerischen Kriminalpolizei zum Beispiel, Indizien sammeln, Spuren verfolgen und dann das psychologische Profil eines Täters zeichnen dürfte. Einmal, nach dem Studium, hat er sich beworben, und sie wollten ihn nicht. Eines Tages, sagt Wolfgang, wenn ihm sein Job zum Hals heraushängt, wird er sich wieder bewerben, und sie werden ihn nehmen, und dann wird er halt mit einem bayerischen Beamtengehalt auskommen müssen, was ja, weil es so sicher ist, schon gehen würde.

Gesprächstherapeut, erzählt Wolfgang, hätte er auch werden können, damals, als er glaubte, sich entscheiden zu müssen. Er hatte die entsprechende Ausbildung begonnen, und in Motivationspsychologie war er wirklich gut. Er forschte am Münchner Max-Planck-Institut, er wollte dahinterkommen, wie aus einem Wunsch ein Vorsatz und aus dem Vorsatz die Tat wird. Er suchte nach dem Moment, an dem einer, wie Wolfgang sagt, »sozusagen den Rubikon überschreitet«. Und für seine Diplomarbeit hat er einen Versuch mit fünfzig Hausfrauen unternommen, bei dem es genau darum ging: Er befragte sie intensiv nach ihren Wünschen, ihren Vorsätzen, ihren Plänen. Und er gab ihnen eine Art Uhr mit, die neunmal am Tag piepste; dann mußten die Frauen aufschreiben, womit sie tatsächlich gerade beschäftigt waren. Das Ergebnis war, daß das, was sie sich wünschten, und das, was sie wirklich taten, bei den meisten Frauen nicht das Geringste miteinander zu tun hatten. Die Frauen unterwarfen sich völlig den Bedingungen ihres Alltags, ihrer Angewohnheiten, setzten sich nie gegen ihre Männer oder Kinder durch. Das sah für ihn alles nach Depression aus.

Das, sagt Wolfgang, hat ihn auch deshalb so bewegt, weil er Angst davor hatte, daß es ihm, wenn er nicht aufpaßte, eines Tages auch so gehen würde.

Und natürlich ist das einer der Gründe dafür, weshalb er, der Herr Direktor, noch immer nicht so leben kann, wie es seiner Position eigentlich angemessen wäre. Er wohnt in einem ganz charmanten Viertel, viele Altbauten, enge Straßen, eine schöne urbane Vielfalt gibt es hier, nur vornehm ist das Viertel nicht, noch nicht einmal gutbürgerlich, es leben hier Studenten und Ausländer, Rentner und Arbeiter, und seine eigene Wohnung, sagt Wolfgang, ist sehr hübsch, aber eigentlich zu klein für ihn, seine Frau und die drei Kinder, und zum Repräsentieren taugt sie schon gar nicht.

Zu sich nach Hause kann er eigentlich nur Freunde einladen oder gute Bekannte, und wenn die wissen, was seine Position in dem großen Unternehmen ist, runzeln vielleicht sogar sie die Stirn, und wenn er Geschäftspartner zum Essen einlädt, dann gehen sie ins Restaurant. Sein Chef weiß natürlich, wo Wolfgang wohnt, und er wundert sich gelegentlich. Denn er selbst wohnt, selbstverständlich, in Solln, wo es teuer ist und wo man unter Seinesgleichen bleibt.

»Meine Macht«, sagt Wolfgang, als wir endlich davon sprechen, »meine Macht ist bloß geliehen. Ich entscheide selten was, aber oft wie es passiert.« Und fast jede Personalentscheidung gehe über seinen Tisch. Er habe nicht die Verantwortung dafür, wer gekündigt und wer befördert würde. Aber er sei darauf angewiesen, das Vertrauen derer, die entscheiden, zu gewinnen – und wie aufwendig das werden kann, sagt er, das zeigt zum Beispiel die Geschichte, wie er neulich mit einem Kollegen zum Flughafen gefahren ist und alleine wieder zurück, weil das die einzige Gelegenheit war, ungestört über ein paar Personalfragen zu sprechen.

Er sei, gewissermaßen, der Profiler der Firma. Also weniger einer jener Personalchefs, die Verträge ausarbeiten, Abmahnungen feuerfest formulieren, dem Abteilungsleiter sagen, ob er wohl durchkommen werde mit seinem Kündigungswunsch. Das, sagt Wolfgang, können die Juristen besser. Er sei ein Edelpersonaler, wie Wolfgang das ausdrückt. Er wisse mehr über die Leute als nur, ob sie pünktlich kommen, nicht zu früh gehen und dazwischen brav an ihren Schreibtischen und in ihren Meetings sitzen.

Er guckt sich die Leute an, die eingestellt werden sollen. Er prüft, ob sie wirklich so gut sind, wie das in ihren Zeugnissen steht. Er hat, als er anfing, Tausende von Hochschulabsolventen durch Tests und Interviews gejagt, und es war sein ganzer Ehrgeiz, die paar hundert zu identifizieren, die ganz genau zu der Firma paßten.

Und wenn jetzt die Leute auf ihren Positionen sitzen und nach oben wollen, dann ist es sein Job herauszufinden, ob er ihnen genauso viel zutrauen kann, wie sie sich selber zutrauen – und am interessantesten ist es für ihn, erzählt Wolfgang, wenn einer zu ihm kommt, ein Direktor oder Abteilungsleiter oder Vorstand, und ihm, Wolfgang, die Position beschreibt, die zu besetzen ist. Und dann guckt sich Wolfgang um, in der Firma und außerhalb, und schaut, daß er den richtigen Mann, die richtige Frau auch findet. Seine Trefferquote sei hoch, sagt er, das ist es, woran sein Erfolg gemessen wird.

Er mag das, sagt Wolfgang, und das größte Vergnügen besteht für ihn darin, mit den Leuten selbst zu sprechen. Er sei dann immer ganz ehrlich, das überfordere sie, er sagt ihnen einfach, was er denkt, und sie zerbrechen sich den Kopf darüber, was die Botschaft hinter dem Text, die geheime Bedeutung der Sätze sei. Dabei sei es eigentlich nur das, was er auch von den Bewerbern wissen wolle: ob sie, außer intelligent und gut ausgebildet, auch ehrlich seien, oder, besser: ob sie sich treu bleiben können, ob sie auch unter Streß den Respekt voreinander und sich selbst nicht verlieren. Der Kellner, an den er sich jetzt wieder erinnern muß, würde durch jede Prüfung fallen. Nicht unbedingt, weil er so schnell wütend geworden ist. Sondern weil er es nicht im Kreuz hatte, das Trinkgeld abzulehnen.

Wolfgang verdient gut. Sehr gut sogar. Ein Schweinegeld, wie er das nennt, nach dem zweiten Bier. Und fast jeden Tag fragt er sich, ob er dieses viele Geld auch wert sei. Und vielleicht, das ist die paradoxe Schlußfolgerung, ist er ja sein Geld wert, gerade weil er sich das fragt. Im Jahr zuvor, so erzählt Wolfgang, hat die Firma zum erstenmal überhaupt in ihrer Geschichte einer nennenswerten Zahl von Mitarbeitern gekündigt, und er mußte vor allem auch mit denen sprechen, die mit einer Kündigung nicht gerechnet hätten, mit den Führungskräften, den sogenannten Hochkarätern. Unter denen, sagt Wolfgang, die schließlich gehen mußten, war nicht einer, der sich je die Frage gestellt hätte, ob er womöglich zuviel Geld verdiene. Was Wolfgang aber auch nicht davon abhielt, nach so einem Tag, an dem er wieder ein paar Menschen erzählt hatte, daß ein anderer den Job besser könne als sie selber, auf dem Nachhauseweg darüber nachzudenken, ob er sein Geld auch wirklich verdiene.

Es ginge ja auch ohne ihn. Die Abteilungsleiter könnten sich ihre Leute selber suchen, sie wissen ja am besten, wen sie brauchen. Die Abteilungsleiter könnten auch den Ärger, wenn sie jemandem kündigen, selber ertragen; sie sind es ja, die jemanden loswerden wollen. Manchmal denkt Wolfgang, daß seine ganze Unentbehrlichkeit darin besteht, daß er ein paar sehr wichtigen Leuten dabei hilft, ihre schwere Verantwortung zu tragen.

Wolfgangs Unternehmen hatte ein anderes geschluckt, und bei einer mehrtägigen Klausur auf dem Land sollte in Gesprächen und Interviews und Diskussionen herausgefunden werden, welche Führungskräfte der geschluckten Firma auch im neuen Unternehmen eine Rolle spielen dürften. Wolfgang wurde einem Direktor zugeteilt, er hörte sich dessen Interviews an, sagte gar nichts, und nach dem dritten Interview bat er diesen Direktor um ein Gespräch unter vier Augen. Die Grundregel eines Interviews, sagte Wolfgang dem Direktor, besteht darin, daß der Interviewte mehr sagen darf als der Interviewer, wie wäre es, wenn Sie sich daran hielten? Schafft mir diesen Typen vom Hals, soll der Direktor noch am selben Tag gefordert haben, und Wolfgang wurde einem anderen zugeteilt, und der interessierte sich mehr für Wolfgangs Meinung, sie machten ihre Interviews, und Wolfgang gab seine Urteile ab, und als die ganze Sache vorüber war, bot ihm dieser Direktor einen Führungsjob an.

Eigentlich, sagt Wolfgang, war das die Zeit, als er das Unternehmen wieder verlassen wollte. Er war fünfunddreißig, er hatte das Corporate Life ganz gut kennengelernt, er hatte gesehen, daß er sich da behaupten konnte, und jetzt wollte er etwas ganz anderes tun, weil später, glaubte er jedenfalls, später würde er zu alt dafür sein. Vielen Dank für Ihr Vertrauen, hat Wolfgang also gesagt, aber ich will kündigen, und der Direktor erhöhte das Gehalt und bat Wolfgang, es doch auszuprobieren, ein paar Monate lang die Abteilung für die Führungskräfte zu leiten, und wenn er dann immer noch gehen wolle, werde er ihn nicht zu halten versuchen.

Und jetzt, sagt Wolfgang, hat er den Rang eines Direktors, und morgens, wenn er das Haus betritt, machen erwachsene Leute einen Diener vor ihm und grüßen ihn mit Namen und versuchen, dabei fröhlich und freundlich zu sein, was ihm schon deshalb nicht paßt, weil er findet, daß ein Mensch bis mindestens elf Uhr morgens ruhig seinen Grant pflegen solle, und Unterwürfigkeit ist ihm ohnehin ein einziger Graus, und eigentlich sei er doch nichts weiter als ein Dienstleister, einer, der dafür zu sorgen habe, daß die Angestellten gut arbeiten und den Erfolg der Firma steigern können; und daß sie gut behandelt würden. Und die gute Behandlung, die er sich für sich selber wünsche, habe nichts mit Unterwürfigkeit gemein.

Es seien einfach zu viele Leute um ihn herum, und das falle ihm, seit er vierzig ist, ganz besonders auf, Leute, die schleimen und loben und ihm und anderen sogenannten Würdenträgern zu schmeicheln versuchen, und wenn er ehrlich sei, habe er manchmal richtig Angst vor ihnen. Diese Leute, da ist er sich sicher, sind die größte aller Gefahren für ihn, und das schlimmste, was ihm überhaupt passieren könne, das wäre, wenn er ihnen eines Tages glaubte.

Dann wäre der Wurm doch noch in sein Leben gekrochen und hätte die Dateien seiner Jugend gelöscht.

Wir sind alle 35

I.

Ich hatte einen Traum: Als ich eines Morgens aus tiefem Schlaf erwachte, fand ich alle meine Erinnerungen aus dem Gedächtnis gelöscht. Ich wußte nicht, wo ich war und was ich hier verloren hatte. Ich wußte nicht einmal, wer ich war. Und die Menschen um mich herum sah ich zum erstenmal. Nur das Sprechen hatte ich nicht verlernt, und so machte ich mich auf die Suche nach der Antwort auf die Frage, wer ich sei.

Die Amnesie gehört zu den populärsten Alpträumen unserer Kultur – der Mensch, der aus einer Ohnmacht oder einem Schlaf erwacht und sich an nichts mehr erinnern kann, ist womöglich der paradigmatische Kinoheld. »Action is character«, so heißt der letzte Satz in F. Scott Fitzgeralds unvollendetem Hollywoodroman »The Last Tycoon«, und niemand erfüllt diese Forderung (als welche man den Satz wohl lesen muß) vollkommener als der Mensch ohne Gedächtnis, der sich nur durch seine Taten erfinden kann, weil alle charakteristischen Daten aus seinem Kopf gelöscht worden sind. Früher, vor fünfzig, sechzig Jahren, als schon einmal besonders viele Menschen ohne Gedächtnis durch Filme und Romane geisterten, früher wurde die Amnesie fast immer damit erklärt, daß da zu starke, zu schmerzhafte, zu unerträgliche Erinnerungen gewesen seien, weshalb die Seele aus Notwehr nur noch die Löschtaste drücken konnte.

168

Die Männer und Frauen ohne Erinnerung, die wir in den vergangenen Jahren auf der Leinwand kennengelernt haben, von Ben Affleck in »Paycheck« über Matt Damon in den beiden »Bourne«-Filmen bis zu Adam Sandler in »Meine ersten 50 Dates«, sind, wenn sie sich selber suchen, selten den großen und furchtbaren Geheimnissen auf der Spur – sie sind harmloser geworden, sie sind gewissermaßen normaler als ihre Vorgänger. Und am charmantesten sind solche Geschichten ohnehin dann, wenn so ein Kinoheld ohne Gedächtnis in dem Moment, in dem er seine alte Identität wiederentdeckt hat, sich dazu entschließt, sie endgültig zu vergessen und sich in der neuen ganz einzurichten.

Daß wir uns heute wieder so sehr für diese Figuren interessieren, liegt daran, daß sie, einerseits, die exemplarischen Kinohelden geblieben sind. Aber andererseits sind diese Menschen (deren Vorhandensein in der Wirklichkeit durchaus nicht sicher ist) uns in den vergangenen Jahrzehnten immer ähnlicher geworden. Der Mensch ohne Gedächtnis ist der paradigmatische Held der Gegenwart geworden. Er gleicht uns nicht nur insofern, als auch wir uns die Option, uns selber immer wieder ganz neu zu erfinden, gerne offenhalten – schon weil das bißchen, was wir erlebt haben, nicht ausreicht, uns in der eigenen Existenz stabil zu verankern. Er gleicht uns vor allem darin, daß wir, die wir weder die Schrecken des Kriegs noch das Elend der Nachkriegsjahre erlebt haben und womöglich auch zu jung waren, rund ums Jahr 1968 herum irgendeine existentielle Erfahrung zu machen, daß wir, wenn wir uns an uns selbst zu erinnern versuchen, eigentlich gestehen müssen: Auch wir selbst sind Menschen ohne Gedächtnis. Nicht weil wir uns nicht erinnern könnten. Sondern weil es so wenig zu erinnern gibt. Sicher, wenn man nur lang genug das eigene Gedächtnis durchsucht, findet sich da die eine oder andere Liebesnacht, womöglich auch ein Kindheitstrauma, eine Prüfung, die man nicht geschafft hat, und vielleicht der Schmerz über den Tod eines nahen Verwandten. Aber wie wenig und wie leichtgewichtig das ist im Vergleich zu den Zentnerlasten an Schrekken und existentieller Not, welche die Eltern und die Großeltern in ihren Erinnerungen mit sich trugen, das offenbarte sich, nur zum Beispiel, rund ums Jahr 2000 herum, als, offenbar aufgeschreckt von der Jahrtausendwende, auch jüngere Menschen beschlossen, ihr Leben oder zumindest ihre Jugend schriftlich zu bilanzieren. In den Büchern, die dabei entstanden, spielten Fernsehserien und Popsongs, der Geschmack von Nußnougatcreme oder die Brauchbarkeit von Spielzeug eine wesentlich wichtigere Rolle als das handelnde oder leidende Subjekt dessen, der sich da erinnerte. Womit in der sogenannten Wirklichkeit auch nur nachvollzogen wurde, was die Helden des Kinos schon Jahre zuvor erlebt hatten. Der Blade Runner und der Terminator, die Helden von »Total Recall« und »Vanilla Sky« hatten alle mit der Frage zu kämpfen, ob das, was sie in ihrem Gedächtnis fanden, wirklich die eigenen Erinnerungen waren. Oder nur künstlich angefertigte Erinnerungssurrogate.

II.

Wenn aber, was als Kinotraum so populär ist, eines Morgens doch in der Wirklichkeit passierte, wenn also ich, oder wenn irgend jemand, der heraus ist aus der Pubertät und fürs Greisenalter noch zu jung, wenn ein Erwachsener aus der westlichen Welt eines Morgens aufwachte, und er hätte nicht nur sein Gedächtnis, sondern auch seinen Paß und jeden ande-

ren Hinweis auf die Zahlen, Daten, Fakten seines Lebens verloren, wenn so ein Mensch dann seinen Körper betrachtete
und sich zugleich fragte, wie er sich, abgesehen von dem Ärger mit der Amnesie, denn insgesamt fühle, und dann stellte er
sich die Frage, wie alt er sei, liefe die Antwort vermutlich auf
diese Aussage hinaus: »Ich muß wohl fünfunddreißig sein.«

Und weil so vielen von uns dieser fiktive Mensch so ähnlich ist, muß man Michael Kors, dem amerikanischen Mode-
Designer, ohne große Vorbehalte zustimmen. »Jeder ist fünfunddreißig«, hat Kors im Frühjahr 2004 der »Los Angeles
Times« zu Protokoll gegeben – und man nimmt diesem schönen starken Satz nichts von seiner Kraft, wenn man kurz
referiert, wie Michael Kors ihn erklärt und erläutert hat:
Der Körper einer guterhaltenen Frau in ihren Fünfzigern sei
kaum zu unterscheiden vom Körper der jungen Geliebten
ihres Mannes, schwört Kors, der sehr viele Umkleidekabi-
nen von innen gesehen hat: Der Mensch von Mitte Dreißig,
das sei das Bild, welches als Ideal und Vorbild für alle Altersgruppen gültig sei – und nicht nur für die Älteren. Seine
Models, erzählt Kors, mögen in ihren frühen Zwanzigern
sein, aber auf Photos und auf dem Laufsteg sollen sie aus-
strahlen, was Kors den »35 vibe« nennt. Und in seinen nicht
ganz billigen Kleidern soll die Schauspielerin Scarlett Jo-
hansson, kaum zwanzig geworden, genauso alt aussehen wie
Rene Russo, die die fünfzig überschritten hat: wie fünfunddreißig eben. Erwachsen genug, sich die Kleider leisten zu
können. Und jung genug, darin gut auszusehen. Früher war
es ein geläufiger Scherz, wenn man über eine erwachsene
Frau sagte, sie feiere ihren 35. Geburtstag, und zwar schon
zum siebten Mal. Heute, wenn man Kors folgen will, eröff-
net sich nicht nur den Frauen die Aussicht, 35 Jahre lang
fünfunddreißig zu bleiben.

Im August 2004 kam die amerikanische »Vogue«, das weltweit anerkannte Zentralorgan für modische Korrektheit, mit einer Ausgabe heraus, die wie ein Kommentar- und Materialienband zu Kors' Thesen wirkte. »Everyone's 35« stand zwar nicht auf dem Cover; das wäre Anna Wintour, der exzentrischen Chefredakteurin, womöglich zu provokant gewesen. Auf dem Cover stand »The Age Issue«, das Altersheft also, was, wenn man bedenkt, daß »age« in dieser Welt lange als eines der schmutzigsten Wörter galt, auch schon einer Revolution gleichkam. Das Coverphoto, geschossen von Annie Leibovitz, zeigte drei Generationen von Frauen; es waren Elvis Presleys Witwe Priscilla (Jahrgang 1945), ihre Tochter Lisa Marie (Jahrgang 1968) und deren Tochter Riley (Jahrgang 1989), und natürlich richteten sich die Großmutter und die Enkelin nach dem Bild von Lisa Marie: Das Bestreben, wie fünfunddreißig auszusehen, ist nicht zu übersehen; und auch wenn so manches Detail im Gesicht von Priscilla Presley nicht ganz echt wirkt, strahlt ihr Lächeln doch auch die Sicherheit aus, daß es ihr gutes Recht sei, nicht überall ganz echt zu sein. Drinnen im Heft findet sich, wie immer im Sommer, ein Überblick über die Mode des Herbsts; nur daß die Photostrecken nicht nach Stilen, Materialien oder Designern gegliedert sind. Es sind die verschiedenen Altersgruppen, von Frauen um die Zwanzig bis zu Frauen um die Sechzig, vom zwanzigjährigen Model Daria Werbowy bis zu Birgitta af Klercker, einer Schwedin, deren große Zeit als Model fast vierzig Jahre zurückliegt, und die Pointe ist naturgemäß die, daß sie alle aussehen wollen wie fünfunddreißig – wobei Patti Hansen, Exmodel und geboren 1956, auf den Photos entschieden fünfunddreißigjähriger aussieht als Nadja Auermann, die, als das Heft herauskam, dreiunddreißig war.

In einer echten Demokratie hat jeder das Recht, wie fünfunddreißig auszusehen und sich auch so zu fühlen – und wenn die »Vogue«, das Magazin, das jahrzehntelang die Schönheit nur in ihrer jugendlichen Variante angebetet hat, jetzt jedes Jahr im August eine »Age Issue« herausbringt, in welcher die vierzig- und fünfzigjährigen Frauen als Schönheitsprinzessinnen und Glamour Queens posieren, dann kann das nicht nur daran liegen, daß Anna Wintour, Jahrgang 1949, auch nicht mehr die Allerjüngste ist. Die Idee der »Age Issue« mag noch so fair und menschlich sein, so ein Modemagazin ist trotzdem ein hochkommerzielles Projekt, und daß eine solche Ausgabe möglich ist, liegt offenbar daran, daß die Idee ankommt beim Publikum, vor allem aber daran, daß sie ankommt bei jenen Agenturen, die sich nur dafür interessieren, ob so ein Magazin das richtige Vehikel ist für die teuren Anzeigen von Prada, Gucci, Burberry und Ralph Lauren.

III.

Als ich die Photos der fünfzehnjährigen Riley Presley sah, als ich las, wie brav und wie abgebrüht und erwachsen zugleich jene Antworten waren, die sie dem »Vogue«-Reporter gab, fiel mir ein, wie ich als Teenager in den siebziger Jahren kurz mit dem Gedanken gespielt hatte, der Jugendorganisation einer Partei beizutreten. Ich gab den Plan wieder auf, als ich erfuhr, daß man in der Jungen Union, bei den Jungsozialisten und Jungdemokraten so lange bleiben dürfe, bis man fünfunddreißig würde. Ich war siebzehn, ein Fünfunddreißigjähriger war mehr als doppelt so alt wie ich, und selbst wenn ich mit ihm politisch sympathisierte, war er doch mein Gegner im

173

Konflikt der Generationen, in welchem es naturgemäß, wie ich damals dachte, um mein Recht auf Jugend, auf Verantwortungslosigkeit, Radikalität und Vergnügen ging.

Wenn aber alle fünfunddreißig sind, entfällt jener Generationskonflikt, welcher, in immer neuen Ausprägungen und mit immer neuen Manifesten, Forderungen, Kampfansagen, die Verhältnisse zwischen den Alten und den Jungen im 20. Jahrhundert so übersichtlich machte. Und ganz egal, ob es dabei um die Sehnsucht der Jugend nach Natur, Nacktheit, Ehrlichkeit, Rock'n'Roll oder Marihuana ging, ganz egal, ob die Jugend nur sich selbst befreien wollte oder gleich die Arbeiterklasse und die Unterdrückten der Dritten Welt: Das Recht der Demographie war immer auf ihrer Seite. Es gab, bis in die achtziger Jahre, einfach mehr Teenager, als es Mittfünfziger gab. Die Jugend war immer schon in der Mehrheit, und die Macht würde ihr deshalb zwangsläufig zufallen. Insofern war aller Krawall, jede Auflehnung, jeder Protest ein gutgedeckter Wechsel auf die Zukunft, und je heftiger die Alten ablehnten, was in Woodstock oder der Kommune I geschah, desto notwendiger wurde es, die Alten zu entmachten, bevor das die Biologie ganz zwangsläufig erledigte. »Time Is On My Side« sangen in den Sechzigern die Rolling Stones, die noch immer zur herrschenden Altersklasse gehören. Als »Avantgarde in Reserve« beschrieb der Publizist Klaus Hartung die Jugend; da war er selber noch einigermaßen jung.

Der Geburtenrückgang, der sogenannte Pillenknick der frühen siebziger Jahre hat diese Bewegung zum Stoppen gebracht – seit die Kinder, die damals doch noch zur Welt kamen, die Kinder, die nun die wenigeren waren, das Alter erreichten, in welchem von ihnen, wie von allen ihren Vorgängern, Auflehnung und Rebellion erwartet wurden, seit den späten achtziger und frühen neunziger Jahren also, sind die Jungen zur defensiven Partei im Kampf der Generationen geworden. »I'm A Loser, Baby, So Why Don't You Kill Me?« hieß ein populärer Song aus dem Jahr 1994; die Aggression, oder was davon geblieben war, richtete sich jetzt gegen die Jugend selbst. Und womöglich war die Berliner Love Parade der letzte Aufschrei der Jugend, bevor diese Jugend ganz verschwand. Daß die Love Parade als politische Demonstration angemeldet wurde, daß die Forderungen der Demonstranten aber auf so harmlose Parolen wie »Friede, Freude, Eierkuchen« oder »One World, One Future« hinausliefen, das irritierte noch einmal jene Alten, zu welchen die Veteranen von 1968 geworden waren: so unpolitisch zu sein, war die letztmögliche Provokation. Und daß die Jugend überhaupt da war, anwesend, eine Million Menschen oder mehr, das war Demonstration genug in jener Zeit ums Jahr 2000 herum, als die 35jährigen zur größten Alterskohorte in Deutschland geworden waren und als selbst die Zahl der 60jährigen die der 20jährigen um fast ein Drittel überstieg. »Wir sind da, und wir sind viele«, das war schon immer der kommunikative Kern einer jeden Demonstration gewesen, ob die Parole »Amis raus aus Vietnam!« hieß oder »Join the love republic!«. Nur daß die Love-Parade-Demonstranten nur einmal im Jahr, am zweiten Juli-Wochenende, da waren und viele waren und sich stark fühlten. Und damit war dann auch schnell Schluß, als die immerwährenden Fünfunddreißigjährigen entdeckten, daß sie sich eigentlich selbst noch jung genug für die Beats und vielleicht auch für die Drogen von Techno fühlten und massenhaft mitmarschierten und die Love Parade als Demonstration und letzten Schrei im Generationenkonflikt für immer erledigten.

Dieses Buch will keine Abhandlung über die Jugend von heute sein – und wenn der Jugend (oder was man bis vor kurzem darunter verstand) hier bescheinigt wird, daß sie verschwunden sei, dann basiert dieser Satz nicht auf den intensiven Recherchen, welche, ganz bestimmt, zu dem Ergebnis kämen, daß es überall in der westlichen Welt versteckte Rückzugsorte gibt, geheime Nischen und Höhlen, wo die jungen Menschen ganz bei sich sein können und garantiert nicht behelligt werden von der Sympathie und der Fürsorge ihrer Eltern und großen Geschwister, Reservate des Trotzes, des Nichtverstandenseins und der Melancholie. Aber wenn von dort überhaupt etwas zu uns herüberdringt, dann ist es bloß die Forderung: »Laßt uns in Ruhe!« Kein Krawall, keine Kampfansage, noch nicht einmal der Lärm einer Party, zu welcher wir nicht eingeladen sind.

Neulich hat mir Leo von Mia erzählt, seiner Tochter, die bald zehn wird und bei ihrer Mutter lebt, in einer anderen Stadt. Und natürlich ist Leo, wenn Mia ihn für eine Woche besucht, ein mustergültiger Vater, der dem Kind jede Frage beantwortet und jede seiner Entscheidungen begründet und das Kind so ernst nimmt, daß er immer wieder ganz erschüttert ist davon, wie ernst dann Mia auch ihn nimmt, wie reif und erwachsen sie ihre Urteile fällt, wenn es ums Chaos im Leben ihrer Eltern geht, um den Freund der Mutter, den Liebeskummer des Vaters, und manchmal, sagt Leo, denkt er, daß Mia erwachsener sei als ihre Eltern, weil sie sich wirklich verantwortlich fühle fürs Glück ihrer zersplitterten Familie. Und immer wieder, erzählt Leo, packe ihn deshalb das schlechte Gewissen, weil er nämlich glaubt, daß er und seinesgleichen, daß all die Erwachsenen, die immerwährend Fünfunddreißigjährigen, die einfach nicht damit aufhören können, ihren jugendlichen Wunschträumen hinterherzujagen, ihre Kinder dazu zwingen, reifer und ernster zu werden, als es denen vermutlich lieb sei. »Unsere Kinder werden so

176

früh erwachsen, weil wir, ihre Eltern, nie erwachsen werden konnten«, sagt Leo, »und weil sie niemals richtig Kinder waren, werden sie auch niemals richtig erwachsen werden.«

In ein paar Jahren aber, das läßt sich mit Gewißheit sagen, wird Mia in die Pubertät kommen, früher als alle Jahrgänge vor ihr – mit elfeinhalb, so sagt es die neueste Statistik, haben die Mädchen ihre erste Regel und die Jungs den ersten Samenerguß, und sehr bald danach wird dann für Mia jene Kindheit, die sie niemals richtig hatte, aufhören, und beginnen wird eine Jugend, die, wie gesagt, mehr als fünfunddreißig Jahre dauern wird. Und logisch, dachte ich, als ich diese Statistik las, logisch ist das eigentlich nicht, jedenfalls nicht besonders sinnvoll, eher paradox: Wäre es nicht besser, dachte ich, wenn, da sich die Adoleszenz so ausgedehnt hat, sich auch die Kindheit weiter dehnte, wenn es uns Menschen also so ähnlich ginge wie jenen Ratten, welche, wenn man ihnen die Kalorien entzieht, nicht nur langsamer altern, sondern auch später geschlechtsreif werden. Wäre es nicht sinnvoller, dachte ich, wenn es den Kindern heute wieder so ginge, wie es vor mehr als 250 Jahren Joseph Haydn ging, der erst mit achtzehn in den Stimmbruch kam und die Wiener Sängerknaben verlassen mußte.

Und weil ich mit dem Nachdenken allein nicht weiterkam, schrieb ich all diese Fragen in eine E-Mail, und die schickte ich an Carsten Niemitz, Professor an der Freien Universität Berlin, Experte für Evolutionsbiologie und Altersprozesse. Und das war es, was er mir antwortete:

»Die frühere Geschlechtsreife, verbunden mit schnellerem Wachstum und größerer ›Endhöhe‹ des Körperwachstums – und bei den Männern der Ausbildung von mehr Muskelmasse, die sogenannte Akzeleration –, hat ihre Ursache zweifelsfrei vornehmlich in verbesserter, ausgewogener und vor allem proteinreicherer Ernährung. Dabei ist wohl der bestimmende Faktor die Tatsache, daß Frieden herrscht. Denn Kriege führen bei den Überlebenden (übrigens auch oft in den Siegerländern) zu weitverbreiteter Armut und zu Hunger. Es scheint genetisch von Vorteil zu sein und ist daher wohl in unserer Evolution so selektiert worden, daß die Natur bei besserer Ernährung diese nicht nur für die Ausbildung stärkerer Muskeln nutzt (deren Vorteil auf der Hand liegen), sondern auch für eine Verlängerung der Fortpflanzungszeit durch eine Verjüngung der Geschlechtsreife: Wer schneller wachsen kann, weil er besser ernährt ist, sollte dies für die Arterhaltung auch nutzen und früher mit der Fortpflanzung beginnen. Sollten die Zeiten gut bleiben, kann dies für viele Frauen vielleicht ein Kind mehr bedeuten, sollten sich die Zeiten wieder verschlechtern, hätte man die zur Verfügung stehenden ›fetten Jahre‹ wenigstens gut für die Arterhaltung nutzen können.«

Es gibt da offenbar, so verstand ich den Professor, ein schweres Mißverständnis zwischen uns und unserer Natur: Wir, die wir mit allem Lebensnotwendigen sehr gut versorgt und mit der längsten Jugend aller Zeiten beschenkt worden sind, haben diese Chance vor allem deshalb bekommen, damit wir unser Bestes für die Arterhaltung tun. Und vom Standpunkt der Evolution aus betrachtet, haben wir diese Chance vertan und vertun sie immer wieder, indem wir, statt Kinder zu zeugen und aufzuziehen, weiter durchs Meer des Möglichen schwimmen. Und wenn wir, in der zweiten Hälfte unserer Dreißiger vielleicht, doch langsam an den Nachwuchs zu denken beginnen, dann richten wir uns provisorisch nahe den Stränden ein, damit wir in dieses Meer jederzeit wieder hineinspringen können.

178

IV.

Im Frühjahr 2004 ist auch der durchschnittliche Käufer von Pop-CDs endlich vierzig geworden, was naturgemäß kein Anlaß für große Feiern war. Der Durchschnittskäufer feierte nicht, weil er von seiner Durchschnittlichkeit zuwenig wußte. Und die Plattenfirmen waren eher alarmiert, weil man dort, in den schicken Büros des Managements, wo die meisten auch schon um die Vierzig waren, sich zu Recht vor der Vorstellung fürchtete, daß man die wirklich Jungen, die Teenager und die Twens, längst und für immer ans Internet verloren habe, an jene Tauschbörsen, wo sich jeder, ganz umsonst, seine liebsten Popsongs als MP3-Dateien auf den Computer laden kann.

Und genau so, irgendwie vierzigjährig, hörte sich auch das meiste an, was im Frühjahr des Jahres 2004 in den Charts ganz oben stand, was im Radio lief, in den Bars und Lounges aufgelegt und im Fernsehen gefeiert wurde. Die Band Franz Ferdinand war wohl auch deshalb so erfolgreich, weil sie in vierzigjährigen Ohren so klang, als ob man diese Musik schon seit zwanzig Jahren kenne. Norah Jones' Songs hörten sich spätestens nach dem dritten Mal wie sehr gute und uralte Bekannte an. Und in den Auslagen der Musikgeschäfte wurden die immergleichen Bausteine der immergleichen musikalischen Biographien nur von Monat zu Monat neu sortiert, der Soul der siebziger, der Pop der achtziger Jahre, Hip-Hop und House aus den Neunzigern, und für die Kenner gab es die alten Jazz- und Bossa-Nova-Platten, die auch schon seit zwei Jahrzehnten für die jeweilige Gegenwart den sicheren historischen Fluchtpunkt bilden.

In England, wo man die Popkultur seit jeher ernster nimmt, hat sich die Musikindustrie schon umgestellt auf die ältergewordenen Käufer; dort gibt es sogar die ersten Popzeitschriften, welche sich explizit an ein Publikum richten, das vielleicht Taschengeld zahlt, aber schon sehr lange keines mehr bekommt. Und auch in Deutschland setzt sich langsam die Erkenntnis durch, daß wir auf »das große, neue Ding« wohl noch sehr, sehr lange werden warten müssen. Seit House und Techno habe es nichts wirklich Neues mehr gegeben, sagen auch jene Pop-Chronisten, denen jeder Kulturpessimismus völlig fremd ist. Und daß wir auch noch den fünfzigsten Geburtstag des durchschnittlichen Plattenkäufers feiern werden, mag wie ein schlechter Scherz wirken. Es ist aber eine realistische Zukunftsaussicht.

Denn der Erfindung der Jugendkultur ging die Erfindung des Taschengelds voraus – der einzelne Teenager bekam nicht viel, aber weil die Teenager so viele waren, hatten sie ökonomische Macht genug, ihre liebsten Platten ganz nach oben in den Charts zu drücken und der Industrie ihren Stil und Geschmack zu diktieren, und weil immer neue Teenager nachwuchsen, ging von diesem System eine enorme innovative Kraft aus, die jetzt aber zu versiegen droht: nicht nur, weil die Älteren nicht alt werden wollen. Sondern auch, weil es einfach zu wenig Junge gibt, als daß sie ökonomisch relevant werden könnten. Wie eine gewaltige Welle wälzen sich die Jahrgänge 1954 bis 1970 durch die deutsche Altersstatistik; sie waren als Jugendliche in der Mehrheit, sie sind jetzt die Mehrheit, und sie werden es, wenn Krieg und Seuchen sie verschonen, auch noch in fünfundzwanzig Jahren sein. Eine Jugendkultur, die nicht die Kultur der immerjungen immer Fünfunddreißigjährigen wäre, sondern die Kultur der Teenager und Twens, müßte sich selbst als Minderheitenkultur definieren, ähnlich den Kulturen der Homosexuellen oder der Türken in Deutschland.

Im Frühjahr 2003 war ich zu einem festlichen Abendessen

eingeladen, ich hatte es eilig, ich holte den schwarzen Anzug aus dem Schrank, und erst, als ich schon unterwegs war, bemerkte ich, daß ich den falschen Anzug angezogen hatte, meinen ältesten, den ich, wie ich mich jetzt dunkel erinnerte, im Frühjahr 1996 gekauft haben mußte. Es war zu spät, noch einmal umzukehren, ich mußte so, wie ich eben angezogen war, durch diesen Abend kommen, und ich wußte, daß alles halb so schlimm war, als ein Freund mich fragte, wo ich den Anzug gekauft hätte, der sei ja sehr gut geschnitten. Ich erzählte ihm, wie alt der Anzug war, ich sagte, vor zehn Jahren, 1993, wäre man sehr unangenehm aufgefallen in einem Anzug aus dem Jahr 1986, und wer vor zwanzig Jahren, 1983, zu einem schicken Abendessen in den Kleidern von 1976 gekommen wäre, hätte kostümiert ausgesehen und sich lächerlich gemacht. Und wenn wir uns in diesem Moment ein bißchen Mühe gegeben und versucht hätten, außer der Mode und der Popmusik noch all die anderen Dinge aufzuzählen, die sich kaum oder gar nicht geändert haben in den vergangenen Jahren, vom Design unserer Alltagsgegenstände bis zum Stil und Rhythmus der Filme aus Hollywood, von der durchschnittlichen Herrenfrisur über die Frage, wer welche Witze als lustig empfindet, bis hin zu den Vorbildern, die sich unsere Schriftsteller für ihre Prosa wählen, dann wäre eine sehr lange Liste entstanden.

Und hätten wir dann alles addiert und davon die Quersumme gezogen, dann wäre wohl folgendes Ergebnis herausgekommen: Unsere Zeit, die doch angeblich so ein uneinholbares Tempo vorlegt auf ihrem Weg durchs Internet und die Schaltkreise der Computer, durch die Labors der Genforscher und die Fabriken des medizinisch-biologischen Komplexes (womit sie ja, wie oben gezeigt, uns zur permanenten Jugend verdammt): Diese Zeit scheint, wo es um unseren

Alltag und dessen ästhetische Ausstattung geht, um die populäre und die Mainstream-Kultur, fast völlig zum Stillstand gekommen zu sein. Jene Jahrgänge, welche aufgrund ihrer puren Masse die herrschenden sind, jene Jahrgänge, die beim Älterwerden konsequent das Altern verweigern, haben schon vor Jahren ihre endgültigen Geschmacksurteile gefällt und lassen weder Revision noch Berufung zu.

Der Literaturwissenschaftler Hans Ulrich Gumbrecht, Jahrgang 1948 und insofern am äußersten oberen Rand unserer Erhebungsgruppe, hat neulich, in einem Aufsatz für den »Merkur«, seine Erlebnisse mit und Gedanken zu der Zeit, die auf der Stelle tritt, protokolliert und dabei die Liste dessen, was sich nicht verändert, um die philosophische und historische Dimension erweitert. »Die Gegenwart wird (immer) breiter«, der Titel des Essays, brachte die These schon auf den Begriff, und der Ausgangspunkt seiner Überlegungen war ein Besuch in Paris, wo der Autor bemerkte, daß über das intellektuelle Leben dort dieselben Männer herrschten, die auch zwanzig Jahre zuvor geherrscht hatten, Bourdieu und Derrida (die noch lebten, als der Aufsatz erschien) und der tote Michel Foucault, und daß kaum eine Aussage so leicht zu falsifizieren sei wie die, wonach Paris (oder London oder die Postmoderne oder was immer man an diese Stelle setzen möchte) nicht mehr das sei, was es einmal war. Unsinn, sagt Gumbrecht, viel zu vieles heute sei genau das, was es einmal gewesen ist, und er erschrickt selber bei dem Gedanken daran, daß zwischen 1914 und 1945, zwischen dem Beginn des Ersten und dem Ende des Zweiten Weltkriegs, genauso viele Jahre vergangen waren wie zwischen dem Auseinanderbrechen der Beatles im Jahr 1970 und dem Herbst 2001, als sein Essay erschien – obwohl doch zwischen 1914 und 1945 so viel geschehen ist, daß die Welt danach nicht wiederzuerkennen war. Wogegen Gumbrecht das Jahr 1970 unbedingt zu jener Gegenwart rechnen würde, die immer breiter wird, weil in einer entschleunigten Kultur die Vergangenheit und die Zukunft immer ferner rückten.

Diese breite Gegenwart, schreibt Gumbrecht, »ist ja die Gegenwart jener Generation, die sich das Altern untersagt hat und nun mit dem Abschied von Jeans, von bestimmten Bartmoden und von eigentlich jeder Art der Vergangenheit ähnliche Schwierigkeiten hat wie Air France und British Airways mit dem Ausmustern der Concorde. Wer immer jung bleiben will, muß die Gegenwart verbreitern, weil er sich verpflichtet, die immer selben Zukunftsvisionen als nicht verwirklichte durch die Zeit zu schieben. Könnten sich die Achtundsechziger je entschließen, das Alter zu einem Teil ihres Lebens werden zu lassen, dann wären sie davon befreit, sich selbst ein permanentes Zukunftsversprechen sein zu müssen.«

Und was hier gesagt wird über die Veteranen von 1968, gilt natürlich erst recht für die Jahrgänge, die nach ihnen kamen – Gumbrecht vermutet die Grenze zwischen unserer breiten Gegenwart und der tatsächlich vergangenen, als Erfahrung und Erinnerung abgespeicherten Zeit irgendwann in den frühen Sechzigern, um den Mord an John F. Kennedy, den Siegeszug der Beatles und das Ende der Nachkriegszeit auch in Deutschland herum; selbst für sehr junge Menschen, vermutet Gumbrecht, seien die Beatles und die Rolling Stones gewissermaßen Zeitgenossen. Während man Buddy Holly und den frühen Elvis Presley wohl zur Musikgeschichte rechnen müsse.

Mag sein, daß einer, der zwanzig Jahre nach Gumbrecht geboren wurde, die Grenze zwischen seiner Gegenwart und dem, was endgültig vergangen ist, ein wenig anders ziehen würde. Aber daß unsere fünfunddreißig Jahre als Fünfunddreißigjährige, die nicht nur Michael Kors und Anna Wintour versprechen, eine einzige endlose Gegenwart sind und bleiben werden, das liegt ganz sicher auch daran, daß wir uns weigern, was geschehen ist, als Vergangenheit im Gedächtnis abzulegen. Vergangen wäre die Zeit, in der wir andere waren, als wir es heute sind: jünger und weniger erfahren. Und Zukunft wäre, was zwangsläufig auf uns zukommt: das Leben also, für das man sich, ein für allemal, entschieden haben müßte.

Und so sind wir auf unserem Gang durch die immerwährende Jugend tatsächlich Menschen ohne Erinnerung. Denn erinnern kann man sich nur an das, was wirklich vergangen ist – und solange wir nur Gegenwärtiges auf Gegenwärtiges häufen und die Szenen unserer Jugend nebeneinanderstellen wie die Schallplatten ins Regal, weil Abschied zu nehmen zugleich alt werden hieße, solange stehen wir auch unter dem Verdacht, der Preis dafür, daß die Zeit bei uns kaum Spuren hinterläßt, werde damit bezahlt, daß wir kaum Spuren in der Zeit hinterlassen.

V.

Wenn wir wirklich fünfunddreißig Jahre lang fünfunddreißig blieben, dann sähe das auf den ersten Blick wie eine gute Nachricht aus, die Frauen blieben fruchtbar und die Männer potent, und die Kinder hätten Eltern, die zugleich wie ihre Geschwister wären, und schon diese Vorstellung erinnert uns daran, daß etwas nicht stimmte in der Familie von König Ödipus. Fünfunddreißig Jahre lang hätten wir dieselben Gesichter und guckten in dieselben Gesichter, in denen wir nur die Öde der Gegenwart sähen und weder die Zeugnisse gelebten Lebens noch die Hoffnung auf eine andere Zukunft, wir würden, weil Erfahrung ja etwas ganz anderes ist, einander immer wieder die gleichen Geschichten erzählen, aus welchen wir immer wieder keinerlei Überschuß schöpfen könnten, und lange vor dem fünfunddreißigsten Jahr unseres Fünfunddreißigseins käme uns diese Existenz wie eine Gefangenschaft vor oder zumindest wie ein Exil, weit abgelegen von allem, was Leben ist.

Und weil das zum Glück nicht so ist und hoffentlich auch nie so kommen wird, kann man eigentlich gleich damit anfangen, sich mit den Zeichen des Alters zu versöhnen. Wer älter wird, schreibt Graham Greene im »Stillen Amerikaner«, wird dabei auch weniger kompliziert, und wer weiß, vielleicht ist es ja ganz einfach, an Land zu gehen und in der Abendröte noch einmal hinauszuschauen aufs Meer der Möglichkeiten, in dem man nicht ertrunken ist.

Materialien

Literatur

Althen, Michael: »Dean Martin«. München 1997

Ali, Götz: »Ich bin das Volk«. Süddeutsche Zeitung, 1. 9. 2004

Aristoteteles: »Politik«. München 1973

Austad, Steven N.: »Why we age«. New York, 1999

Avins, Mimi: »The new ideal: forever 35-ish«. Los Angeles Times, 13. Juni 2004

Baltes, Paul B.: »Der Generationenkrieg kann ohne mich stattfinden«. Frankfurter Allgemeine Zeitung, 12.5.2004

Baltrusch, Ernst: »Nachttopf bei Gerichtssitzungen«. Fundiert, Januar 2004

Brooks, David: »Bobos in Paradise«. New York 2000

Büchner, Georg: »Gesammelte Werke«. München 1961

Bude, Heinz: »Das Altern einer Generation«. Frankfurt am Main 1995

Davis, Miles: »Die Autobiographie«. München 2000

Diamond, Jared: »Der dritte Schimpanse«. Frankfurt am Main 1994

Dytchwald, Ken: »Age Power«. New York 1999

Epstein, Joseph: »Freedom«. The Notre Dame Magazine. Sommer 2003

Epstein, Joseph: »The Perpetual Adolescent. And the triumph of youth culture«. The Weekly Standard, März 2004

Fitzgerald, F. Scott: »Der große Gatsby«. Zürich 1974

Fitzgerald, F. Scott: »Der letzte Taikun«. Zürich 1977

Forster, Georg: »Reise um die Welt mit Captain Cook«. Hrsg. von Hans Eckart Rübesamen. Göttingen 2002

Gould, Stephen Jay: »Ontogeny And Phylogeny«. Cambridge 1977

Greene, Graham: »Der stille Amerikaner«. Reinbek 1958

Greenup, Shane: »Why do we age?« In: Physics Post. http://www.physicspost.com/articles.php?articleId=166&page=1

Groys, Boris: »Über das Neue«. München 1992

Gumbrecht, Hans Ulrich: »Die Gegenwart wird (immer) breiter«. Merkur, September/Oktober 2001

Harrison, Robert Pogue: »Wie alt sind wir?«. Merkur, September/Oktober 2001

Hartwig, Ina und Spengler, Tilman: »Die 30jährigen«. Kursbuch 154. Berlin 2003

Hegel, Georg Wilhelm Friedrich: »Vorlesungen über die Philosophie der Weltgeschichte«. Hamburg 1988

Huxley, Aldous: »Schöne neue Welt«. Frankfurt am Main 2002

Kelley, Kitty: »Sinatra«. München 1986

Kerouac, Jack: »Lonesome Traveller«. Reinbek 1981

Kerouac, Jack: »Unterwegs«. Reinbek 1959

Kierkegaard, Sören: «Entweder – oder«. München 1998

Köhler, Michael (Hrsg.): »Borroughs – Eine Bild-Biographie«. Berlin 1994

Kohli, Martin: »Generationen in der Gesellschaft«. Forschungsbericht 73 der Forschungsgruppe Altern und Lebenslauf. 2003

Lahr, John: »Sinatra«. Bern 2000

Las Casas, Bartolomé: »Bericht von der Verwüstung der Westindischen Länder«. Herausgegeben von Hans Magnus Enzensberger. Frankfurt am Main 1966

MacAdams, Lewis: »Birth of the Cool – Beat, Bebop, and the American Avant-Garde«. New York 2001

Magalhães, João Pedro de: »Why do we age?«. In: Gerontology Information. http://www.senescence.info/theories.html

Magerl, Sabine: »Der Pop der späten Jahre«. Frankfurter Allgemeine Sonntagszeitung, 28. 3. 2004

Marx, Karl: »Einleitung zur Kritik der politischen Ökonomie«. In: Engels, Friedrich und Marx, Karl: »Werke«. Band 13. Berlin 1969. http://www.mlwerke.de/me/me13/me13_615.htm

McBride, Joseph: »Orson Welles«. München 1982

McCann, Graham: »Cary Grant – A Class Apart«. New York 1998

Morton, Andrew: »Madonna«. Frankfurt 2001

Nabokov, Vladimir: »Lolita«. Reinbek 1964

Niejahr, Elisabeth: »Alt sind nur die anderen.« Frankfurt am Main 2004

Niemitz, Carsten: »Wie werden wir alt?« Fundiert, Januar 2004.

Niermann, Ingo: »Minusvisionen – Unternehmer ohne Geld«. Frankfurt am Main 2003

Plato: »Politeiea«. Frankfurt am Main 1991

Poschardt, Ulf: »Cool«. Hamburg 2000

Quirk, Lawrence und Schoell, William: »The Rat Pack«. Dallas 1998

Renger, Johannes: »Als David aber alt und hochbetagt war – Altwerden und Altsein im Alten Orient«. Fundiert, Januar 2004

Russel, Ross: »Bird lebt«. Wien 1985

Schirrmacher, Frank: »Das Methusalem-Komplott«. München 2004

Schneider, Sven: »Lebenserwartung und Sterberisiken in der Bundesrepublik Deutschland - Eine Analyse repräsentativer Daten zu sozialen und medizinischen Einflußgrößen der Mortalität«. In: Socionet. http://www.socionet.de/lebenserwartung.shtml

Seidl, Claudius: »Hilfe, wir werden jünger«. Frankfurter Allgemeine Sonntagszeitung, 29.12.2002

Stollorz, Volker: »Mit dreißig ein Genie – oder nie«. Frankfurter Allgemeine Sonntagszeitung, 23.11.2003

Svevo, Italo: »Ein Mann wird älter«. Roman. Berlin 2000

Tietz, Janko: »Unternehmen Jugendwahn«. Der Spiegel, 19. 4. 2004

Vogue – The Age Issue. August 2004

Tosches, Nick: »Dino«. München 2002

Wilde, Oscar: »Das Bildnis des Dorian Gray«. Berlin 1928

Wurtzel, Elisabeth: »Bitch«. New York 1998

Wyss, Beat: »Die Welt als T-Shirt«. Köln 1997

Wyss, Beat: »Trauer der Vollendung«. München 1985

Filme

Carpenter, John: »Die Klapperschlange« (Escape from New York). USA 1981. ASIN: B0000691LN

Crowe, Cameron: »Vanilla Sky«. USA 2001. ASIN: B00005V967

Godard, Jean-Luc: »Außer Atem« (A bout de souffle). Frankreich 1959. ASIN: B00005LJBV

Hawks, Howard: »Liebling ich werde jünger« (Monkey Business). USA 1952. ASIN: B00009WN19

Haynes, Todd: »Dem Himmel so fern« (Far from Heaven). USA 2002. ASIN: B0000CFYH0

Hitchcock, Alfred: »Über den Dächern von Nizza« (To Catch a Thief). USA 1955. ASIN: B00007KGAT

Hitchcock, Alfred: »Der unsichtbare Dritte« (North by Northwest). USA 1959 . ASIN: B00005A3G5

Jewison, Norman: »Thomas Crown ist nicht zu fassen« (The Thomas Crown Affair). USA 1968. ASIN: B000176MV8

Lang, Fritz: »Metropolis«. Deutschland 1926. ASIN: B00008OE34

Liman, Doug: »Die Bourne-Identität« (The Bourne Identity). USA 2002. ASIN: B0002PZ9LI

Marshall, Penny: »Big«. USA 1988. ASIN: B00005OALN

McTiernan, John: »Die Thomas Crown Affäre« (The Thomas Crown Affair). USA 1999. ASIN: B000176MUY

Milestone, Lewis: »Frankie und seine Spießgesellen« (Ocean's Eleven). USA 1960. ASIN: B00005UQZ0

Miller, George: »Mad Max«. Australien 1979. ASIN: B00005MHN8

Minnelli, Vincente: »Verdammt sind sie alle« (Some Came Running). USA 1958. Als DVD nicht erhältlich

Petersen, Wolfgang: »Die unendliche Geschichte«. Deutschland 1984. ASIN: B00006YX6F

Polanski, Roman: »Tanz der Vampire« (The Fearless Vampire Killers). USA 1967. ASIN: B0002XB5PO

Schwarz, Hans: »Bomben auf Monte Carlo«. Deutschland 1931. ASIN: B00009RBJM

»Sex and the City«. Season 6. USA 2002. ASIN: B00005V967

Scott, Ridley: »Blade Runner«. USA 1982. ASIN: B00004RYU

Sternberg, Josef von: »Der blaue Engel«. Deutschland 1930. ASIN: B00005Q7JN

Stone, Oliver: »The Doors«. USA 1990. ASIN: B00005AGFJ

Tarantino, Quentin: »Kill Bill, Vol. 2«. USA 2004. ASIN: B000227EO6

Verhoeven, Paul: »Total Recall«. USA 1990. ASIN: B000056IF

Weiss, Helmut: »Die Feuerzangenbowle«. Deutschland 1944. ASIN: B00004RYMZ

Wellmann, William: »The Public Enemy«. USA 1931. ASIN: B0006HBV2S

Woo, John: »Paycheck«. USA 2003. ASIN: B00022GJ0Q

Zinnemann, Fred: »Verdammt in alle Ewigkeit« (Form Here to Eternity). USA 1953. ASIN: B00005Q4DL

Musik

ABC: »The Lexicon of Love«. 1982. Universal
Beck: »Loser«. 1994. Universal
The Cure: »Faith«. 1982. Universal
Davis, Miles: »Birth of the Cool«. 1949. EMI
Franz Ferdinand: »Franz Ferdinand«. 2004. Rough Trade
The Independents: »The First Time We Met«. 1972. Wand
Jackson, Michael. »Thriller«. 1982. Sony
Jones, Norah: »Come Away With Me«. 2003. EMI
Jones, Quincy: »Body Heat«. 1974. A&M Records
Madonna: »Like a Virgin«, 1984. Warner
Parker, Charlie: »Bird of Paradise«. 1944-1946. Sony
The Rat Pack: »Live at The Sands«. 1963. EMI
The Rolling Stones: »Hot Rocks«. 1972. Universal
Sinatra, Frank: »Only the Lonely«. 1958. EMI
Steely Dan: »Countdown To Ecstasy«. 1974. Universal
Terranova: »Digital Tenderness«. 2004. Ministry O.
The Who: »Sings My Generation«. 1966. Universal

Inhalt